[개념이해+언플러그드+스크래치] x [디버깅+학습문제]

이제 시작이야!
컴퓨팅
사고력으로
인공지능까지

전수진 · 박주연 · 김수환 공저

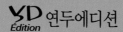

YD 연두에디션
Edition

저자 약력

전수진 교수 | 호서대학교

2000년부터 초등학교 교사로 19년간 아이들을 가르치며 경인교육대학교에서 초등컴퓨터교육 석사, 고려대학교에서 컴퓨터교육학으로 박사학위를 취득하였다. 이후 2019년부터는 호서대학교 더:함교양대학 혁신융합학부에서 'AI와 컴퓨팅사고력'과 '인공지능의 이해와 활용' 등의 과목을 가르치고 있다. 이렇듯 모든 사람들이 변화하는 시대에 속도를 맞춰 함께 살아갈 수 있도록 컴퓨팅사고력 기반의 SW·AI교육의 발전을 위해 연구하고 있다.

박주연 교수 | 덕성여자대학교

이화여자대학교 초등교육과를 졸업하고, 동 대학원 초등교육학과 석사, 교육공학(뉴미디어 기반교육 전공) 박사학위를 취득하였다. 이대부속초등학교 교사로 15년을 재직하였고, 2020년부터 덕성여자대학교 차미리사 교양대학에서 '컴퓨팅 사고', '인공지능의 이해' 등의 과목을 담당하고 있다. CPS, PBL, 디자인 씽킹 등을 통한 컴퓨팅 사고력, 융합적 사고력, 창의적 사고력 향상에 대한 연구를 지속하고 있다.

김수환 교수 | 총신대학교

15년간의 초등학교 교사 생활 후, 2014년부터 총신대학교 교수로 근무하고 있다. 그는 경인교육대학교를 졸업하고, 동 대학원 컴퓨터교육 석사, 그리고 고려대학교 대학원 컴퓨터교육 박사를 취득하였다. 현재 한국컴퓨터교육학회 부회장이며 총신대에서 컴퓨터과학, 멀티미디어와 컴퓨팅 사고력 등의 강좌를 진행하면서 모든 학생들에게 컴퓨팅 사고력을 전파하기 위해 노력하고 있다. '좋은 기술(정보)는 공유되어야 한다'는 팀 버너스 리의 주장을 실천하고 싶어한다.

이제 시작이야!
컴퓨팅 사고력으로 인공지능까지

발행일 2020년 12월 20일 초판 1쇄
지은이 전수진 · 박주연 · 김수환
펴낸이 심규남
기 획 심규남 · 이정선
표 지 김보배 **| 본 문** 이경은
펴낸곳 연두에디션
주 소 경기도 고양시 일산동구 동국로 32 동국대학교 산학협력관 608호
등 록 2015년 12월 15일 (제2015-000242호)
전 화 031-932-9896
팩 스 070-8220-5528
ISBN 979-11-88831-65-4
정 가 23,000원

이 책에 대한 의견이나 잘못된 내용에 대한 수정 정보는 연두에디션 홈페이지나 이메일로 알려주십시오.
독자님의 의견을 충분히 반영하도록 늘 노력하겠습니다.
홈페이지 www.yundu.co.kr

※ 잘못된 도서는 구입처에서 바꾸어 드립니다.

본 '이제 시작이야! 컴퓨팅사고력으로 인공지능까지'는 컴퓨터 관련 학문을 전공으로 하지 않거나 컴퓨터를 배우고 싶은데 어떻게 시작할지 막막한 입문자를 위한 책이다. 컴퓨터는 우리 삶과 동떨어진 도구가 아니라 인류의 역사 속에서 여러 가지 문제를 해결하기 위해 발명된 도구이다. 컴퓨터를 이용한 계산, 컴퓨팅은 여러분이 주변에서 만나는 여러 가지 문제를 해결하는데 가장 강력하고 유용한 도구가 될 것이다.

우리가 학문을 배우는 목적은 여러 상황에서 발생하는 문제를 해결하기 위해서이다. 문제 란 개인과 환경에 따라 다르게 정의될 수 있고, 문제를 해결하는 방법도 다양하다. 과거에 는 아주 큰 문제였지만 현재는 작은 문제로 변하기도 하고, 어떤 사람에게는 매우 중요한 문제이지만 다른 사람에는 사소한 문제일 수도 있다. 우리가 살아오면서 겪었던 문제를 떠 올리며, 어떤 문제가 있었고, 어떤 방법으로 처리했는지 생각해 보자. 문제해결과정에서 적용했던 방법 중에 아직도 유용하게 사용하는 방법이 있는가? 혼자의 힘으로 해결하기 어려워 다른 사람의 힘을 빌리거나 다른 도구를 활용해본 적이 있는가? 가장 도움이 되었 던 사람이나 도구는 무엇이었는가?

50여 년 전 만해도 우리에게 가장 중요한 문제해결 도구는 과학과 수학이었다. 세상의 현 상과 물질을 탐구하는 과학의 산출물과 인간의 사고를 논리적으로 기호화해서 표현한 수 학이야말로 문제를 해결하기 위한 가장 강력하고 유용한 도구였다. 그러나 현대의 문제는 과학과 수학만 가지고 해결하기 어려운 상황으로 확장되었다. 그 복잡성과 크기가 과학과 수학의 원리를 적용하여 인간이 계산하고 해결하는 범위를 넘어서고 있기 때문이다.

새로운 학문체계인 Conputational X가 나타나는 이유가 바로 여기 있다. 2013년 소프트웨 어를 활용한 화학반응을 예측하는 연구로 노벨 화학상을 수상한 사례에서도 알 수 있듯이 컴퓨팅 파워가 학문을 발전시키고, 실제적인 문제를 해결하기 위해 사회 곳곳에서 활용되 고 있다. 특히, 최근에는 컴퓨팅이 인공지능 기술과 만나면서 인간의 한계를 뛰어넘는 결 과를 보이고 있다. 2016년 알파고가 인류의 대표인 이세돌 사범을 이긴 사건은 인공지능 의 발전이 우리 삶에 어떤 영향을 줄지에 대해 생각하게 만들기 시작하였다.

이제 컴퓨터, 인공지능 등의 기술은 단순한 도구를 넘어서 우리 삶을 바꾸고 사회시스템을 변화시키는 중요한 매개체가 되었다. 따라서 현재와 미래를 살아갈 세대들은 누구나 컴퓨팅의 원리와 활용 방법을 배워야 하는 시대가 된 것이다.

이 책은 컴퓨팅의 원리를 쉽고 재미있게 교양차원에서 접근하도록 구성하였다. PART 1은 컴퓨팅 사고력의 개념과 각 하위 구성요소를 다양한 사례를 바탕으로 자세히 설명하였다. PART 2는 컴퓨팅 사고력의 근간이 되는 컴퓨터 과학의 기초 이론을 쉽게 설명하고 있다. PART 3은 인공지능의 기초 이론들을 비전공자도 쉽고 재미있게 이해할수록 다루었다.

이 책은 컴퓨팅 사고력의 기본 개념과 이론을 간단한 언플러그드 활동과 스크래치 프로그래밍을 통해 습득하고, 디버깅 문제와 학습문제를 통해 컴퓨팅 능력과 지식을 확인하도록 구성되었다.

또한, 모든 프로그래밍 실습은 컴퓨팅 사고력의 전 요소를 관통하도록 설계되어 있다. 특히, 다양한 분야의 프로젝트를 담아 여러 전공의 학생들이 실생활의 문제와 자신의 전공을 컴퓨팅 관점으로 바라보고 이해하여 해결할 수 있는 안목을 기를 수 있도록 하였다.

모쪼록 이 책을 통해 '인공지능 시대'의 기본 역량인 '컴퓨팅 사고력'을 체득하여 여러분의 전공 분야에서 활용할 수 있기를 기대한다.

저자 일동

강 의 계 획 서

인문/예체능계열 : 2시수 기준

본 수업은 인문 및 예체능계열 전공자를 위해 15주 수업의 2시간 시수를 기준으로 전체 내용에 대한 기초를 다질 수 있도록 기본적인 내용을 학습하는 것을 목표로 한다.

각 장별로 기본 개념에 대한 학습을 한 후, 언플러그드 활동, 스크래치 프로그래밍, 디버깅 문제를 통해 개념을 다진다. 언플러그드 활동은 팀활동으로 진행할 수 있고, 스크래치 프로그래밍은 교수자와 함께 실습으로 진행이 가능하다. 또한, 디버깅 문제는 학습자가 스스로 문제를 해결해봄으로써 수행과제로 활용할 수 있다.

또한, 한 학기 프로젝트를 팀별 또는 개별로 진행하여 학습자의 전공이나 관심 분야에 해당하는 문제를 발굴하고 해당 문제를 해결하기 위한 컴퓨팅 사고 과정에 따른 기획안 작성과 프로그램으로 구현해보기를 권장한다. 이 때 APPENDIX에 실린 CT융합 프로젝트를 사례로 활용할 수 있다.

주	해당 장	해당 내용
1	Chapter1 문제를 해결하는 새로운 시각이 필요해	컴퓨팅 사고력의 개념
2	Chapter 2 크고 복잡한 문제는 분해하자	문제분해의 개념과 활용
3	Chapter 3 공통의 패턴을 찾으면 문제 해결이 쉬워져	패턴인식의 개념과 활용
4	Chapter 4 핵심요소를 찾아서 단순하게 추상화하자	추상화의 개념과 활용
5	Chapter 5 자동화를 위해서는 정확한 알고리즘이 필요해	알고리즘의 개념과 활용
6	Chapter 6 컴퓨터는 이진표현으로부터 시작해	컴퓨터의 역사, 정보의 이진표현
7	Chapter 7 멀티미디어도 숫자로 표현해	데이터의 표현과 압축
8	중간고사	
9	Chapter 8 알고리즘은 순서가 중요해	알고리즘의 특징과 제어 구조의 개념
10	Chapter 9 조건에 따라 결과가 달라져	선택구조의 활용
11	Chapter 10 반복을 찾으면 효율적이야	반복구조의 활용
12	Chapter 12 인공지능은 어떻게 발전해 왔는가?	인공지능의 역사
13	Chapter 13 인공지능은 데이터 편향을 고려해야 해	데이터 편향성 (TM실습)
14	Chapter 14 머신러닝은 데이터로 스스로 학습을 하지 Chapter 15 인공지능은 두 얼굴을 가지고 있어	머신러닝의 개념 인공지능의 사회적 영향
15	기말고사	

자연/공학계열 : 2시수 기준

본 수업은 자연 및 공학계열 전공자를 위해 15주 수업의 2시간 시수를 기준으로 전체 내용에 대한 기초이론 및 실습을 통해 학습내용을 심화할 수 있도록 하는 것을 목표로 한다.

각 장별로 기본 개념에 대한 학습을 한 후, 언플러그드 활동, 스크래치 프로그래밍, 디버깅 문제를 통해 개념을 다진다. 언플러그드 활동은 팀활동으로 진행할 수 있고, 스크래치 프로그래밍은 교수자와 함께 실습으로 진행이 가능하다. 또한, 디버깅 문제는 학습자가 스스로 문제를 해결해봄으로써 수행과제로 활용할 수 있다.

또한, 한 학기 프로젝트를 팀별 또는 개별로 진행하여 학습자의 전공이나 관심 분야에 해당하는 문제를 발굴하고 해당 문제를 해결하기 위한 컴퓨팅 사고 과정에 따른 기획안 작성과 프로그램으로 구현해보기를 권장한다. 이 때 APPENDIX에 실린 CT융합 프로젝트를 사례로 활용할 수 있다.

주	해당 장	해당 내용
1	Chapter1 문제를 해결하는 새로운 시각이 필요해	컴퓨팅 사고력의 개념
2	Chapter 2 크고 복잡한 문제는 분해하자	문제분해의 개념과 활용
3	Chapter 3 공통의 패턴을 찾으면 문제 해결이 쉬워져	패턴인식의 개념과 활용
4	Chapter 4 핵심요소를 찾아서 단순하게 추상화하자	추상화의 개념과 활용
5	Chapter 5 자동화를 위해서는 정확한 알고리즘이 필요해	알고리즘의 개념과 활용
6	Chapter 6 컴퓨터는 이진표현으로부터 시작해 Chapter 7 멀티미디어도 숫자로 표현해	정보의 이진표현 데이터의 표현과 압축
7	Chapter 8 알고리즘은 순서가 중요해	순차구조의 활용
8	중간고사	
9	Chapter 9 조건에 따라 결과가 달라져	선택구조의 활용
10	Chapter 10 반복을 찾으면 효율적이야	반복구조의 활용
11	Chapter 11 효율적 자료 관리를 위해 구조화시키자	자료구조의 개념과 활용
12	Chapter 12 인공지능은 어떻게 발전해 왔는가? Chapter 13 인공지능은 데이터 편향을 고려해야해	인공지능의 역사, 데이터 편향성
13	Chapter 14 머신러닝은 데이터로 스스로 학습을 하지	머신러닝의 종류와 특징,(ML4K실습)
14	Chapter 15 인공지능은 두 얼굴을 가지고 있어	인공지능의 사회적 영향
15	기말고사	

C O N T E N T S

Part 1 : 컴퓨팅 사고력

Part 2 : 컴퓨터과학의 기초

Part 3 : 인공지능

PART 1

컴퓨팅 사고력

CONTENTS

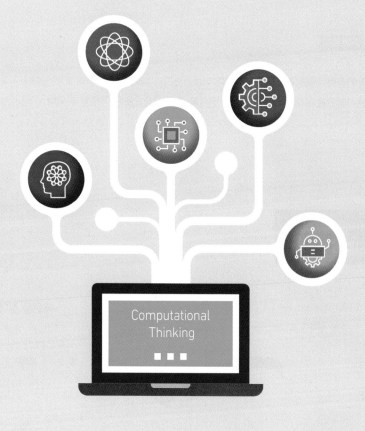

CHAPTER 1

문제를 해결하는
새로운 시각이 필요해

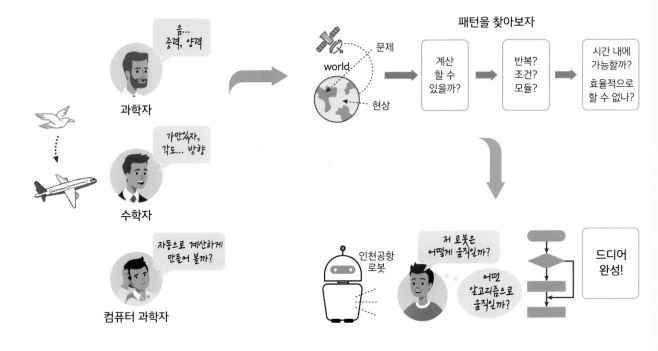

학습목표

1. 인간과 컴퓨터의 특징과 4차 산업혁명에 이르기까지의 사회 변화를 이해할 수 있다.
2. 다양한 사례들을 통해 컴퓨팅 사고력의 정의와 주요 구성요소를 이해할 수 있다.

세상을 바라보는
새로운 시각이 생겼어!

음...
중력, 양력

과학자

가만있자,
각도... 방향

수학자

자동으로 계산하게
만들어 볼까?

컴퓨터 과학자

패턴을 찾아보자

world

문제

현상

계산
할 수
있을까?

반복?
조건?
모듈?

시간 내에
가능할까?

효율적으로
할 수 없나?

인천공항
로봇

저 로봇은
어떻게 움직일까?

어떤
알고리즘으로
움직일까?

드디어
완성!

개념 이해

1.1 컴퓨터의 등장

다음 작품은 레이싱 게임[1]에 사용된 음악을 여러 장치에서 발생하는 슬롯 카 게임처럼 시각화 한 일종의 디지털 아트 작품이다. 이러한 디지털 아트도 간단한 프로그래밍 언어를 알고 있다면 누구나 쉽게 만들 수 있다. 실제로 다음은 슬롯 카 게임을 스크래치 프로그래밍 언어를 이용해서 코드를 짜서 구현한 것이다.

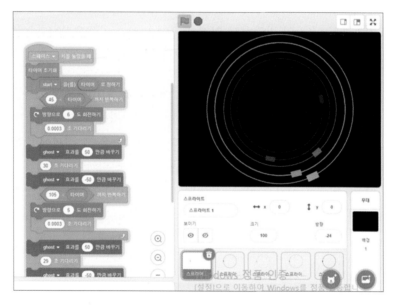

스크래치로 제작한 레이싱 게임 디지털 아트

이와 같이 컴퓨터는 우리 생활 속의 아주 복잡한 일부터 창의적이라고 생각하는 예술 분야까지 굉장히 많은 영향을 미치고 있다.

이러한 컴퓨터와 인간은 어떤 차이가 있을까? 먼저, 인간의 특성은 사회적인 상호 작용을 하며, 로봇 보다는 신체 움직임이 더 자연스럽다. 또한, 가끔은 정해진 규칙보다는 자기만의 생각이나 창의적인 방식으로 행동하게 된다. 우리는 그런 것들을 직관이라고 한다. 때

---

1   원작은 Racer by Giorgio Moroder 라는 디지털미디어 작품이다. (출처: https://www.youtube.com/watch?v=YT0k99hCY5I&list=RDYT0k99hCY5I&start_radio=1&t=17)

로는 어떤 규칙으로 이루어졌는지는 모르겠으나 순간적으로 판단할 수 있는 능력을 가지고 있다.

반면, 컴퓨터는 복잡한 계산을 빠르고 정확하게 할 수 있다. 컴퓨터는 애초부터 사람의 계산을 도와주기 위한 도구로 시작했다. 그래서 컴퓨터는 항상 문제를 해결할 때 계산이라는 방식을 이용한다. 이러한 컴퓨터의 지시된 내용만 따른다는 특성은 정확도를 높일 수 있다는 장점이 될 수 있다. 하지만 최근의 인공지능의 발달은 지시된 사항 외의 스스로 학습된 반응도 기대할 수 있게되었다.

이렇게 인간과 사람은 서로 다른 장단점을 가지고 있다. 따라서 사람에게 가지고 있는 장점과 컴퓨터의 장점을 함께 이용하여 협업한다면 수많은 일들을 해낼 수 있을 것이다. 이미 현재 인공지능 기술이 많이 발전하고 있기 때문에 미래 학자들은 2045년이면 인공지능이 사람을 능가할 수 있다고도 예측하고 있다.

알파고는 우리에게 미래 사회의 단면을 보여준다. 알파고는 2016년도에 인류 역사상 중대한 전환점을 가져왔다. 구글의 알파고와 이세돌 바둑 기사가 세기의 매치를 하였으며 그 결과 알파고가 이세돌에게 4대 1로 이기게 된다. 많은 사람들은 그 결과에 많은 충격을 받았다. '이제는 인문학 분야까지 인공지능이 점령하는 것은 아닐까? 일자리를 모두 빼앗아가는 것은 아닐까? 기계가 인간을 지배하는 날이 얼마 남지 않은 것은 아닌가?' 하고 말이다. 하지만 이러한 두려움은 오히려 우리가 컴퓨터와 인공지능을 더 알고 배워가야하는 이유가 될 것이다.

이세돌과 알파고의 대국

1.2 4차 산업혁명과 사회변화

우리는 4차 산업혁명의 시대에 살고 있다. 이러한 4차 산업혁명에 이르기까지는 총 4번의 변화가 있었다. 산업에서의 혁명의 가장 큰 부분은 노동력의 변화라고 할 수 있다. 노동력의 혁명적인 변화는 100명이 하던 일을 단 1명이 할 수 있게되는 것과 같다. 기술의 발전은 노동력의 효율성을 높여 주었고 이는 우리의 삶과 산업 현장에 큰 영향을 주었다.

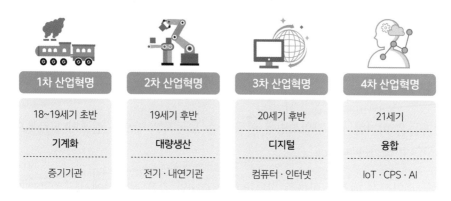

산업혁명의 변화

1차 산업혁명의 가장 큰 원동력이 되었던 것은 증기기관이었다. 기존에는 모든 작업을 수작업으로 했다. 그러나 증기기관이 발명됨에 따라 기계화가 이루어지고 이러한 기계는 노동력의 효율성을 가져왔다. 수작업으로 했을 때와 기계로 했을 때의 변화가 삶에 큰 변화를 가져왔다.

2차 산업혁명 시대는 전기와 통신의 발달로 인해 이루어졌다. 같은 물건을 생산하는데 있어 전기로 작동하는 컨베이어 벨트를 이용해 여러 개의 물건을 동일하게 만들 수 있는 대량 생산이 이루어졌다.

3차 산업혁명은 컴퓨터와 인터넷이 발명됨으로써 일어났다. 컴퓨터와 인터넷으로 인해 기존의 아날로그 정보를 디지털 정보로 바꾸게 됨으로써 획기적인 변화를 가져왔다. 이는 정보가 빠르게 공유되고 편리하게 수정과 편집을 할 수 있다는 것이 가장 큰 장점이다. 이로써 드디어 인터넷 공간이 탄생하게 되었다. 그리고 이러한 인터넷 공간에 대한 사회적 가치와 관심이 높아지게 되었다.

4차 산업혁명은 인공지능, 빅데이터, IoT, CPS 기술 등이 큰 원동력이 되고 있다. 기존에는 모든 사물들이 독립적으로 작동했다면 사물 인터넷을 통해 지금은 클라우드 기반으로 모든 사물들의 데이터와 제어 관계가 연결되고 있다. 때문에 훨씬 더 지능적인 서비스를 제공할 수 있게 되었다. 이로써 기존의 1차 2차 산업혁명에서는 물리적 공간에서 산업이 이루어졌다면 3차 산업혁명 시대에 접어들어서는 인터넷이 생기고 이러한 가상공간에서 새로운 산업이 이루어졌다. 현재 이 두 물리적 공간과 가상공간이 서로 연결되고 있으며 이는 4차 산업혁명의 가장 큰 특징이라고 볼 수 있다. CPS(사이버 피지컬 시스템)의 경우는 가상공간에 있는 데이터를 처리해서 현실의 물리적 공간에서의 물건이나 환경을 제어하는 시스템이라고 할 수 있으며, 인공지능의 발달로 더욱 지능화 되고 있다. 이러한 기술은 우리가 매일 만들어 내고 있는 빅데이터로 인해 가속화 되고 있다. 이러한 변화로 인해 스마트 제조, 응급구조, 항공, 교육, 의료 등의 모든 산업에서 예측 가능한 서비스를 제공할 수 있게 되었다.

많은 학자들은 이러한 4차 산업혁명에 의해 단순 노동직은 앞으로 컴퓨터나 로봇으로 대체될 것이라고 예견하고 있다.

예를들어, 무인상점 매장인 아마존 고(Amazon Go)와 같은 유통업에서도 컴퓨터가 도입되어 점원을 줄이고 있다. '아마존 고 상점'에서는 수많은 카메라, 진열대 센서, 소프트웨어를 사용해 쇼핑객들이 유기농 식품, 와인 등 다양한 상품을 담은 다음 스캔하거나 계산대에서 돈을 지불할 필요 없이 바로 출구로 나갈 수 있다. 고객들이 매장을 나가면 스마트폰 앱을 통해 자동으로 고객 계좌로 대금이 청구된다. 이러한 변화는 우리에게 굉장히 큰 편리함을 주는 반면 매장 점원과 같은 직업은 줄어들게 할 것이다. 그러나 이러한 매장을 만드는 과정에서 오히려 더 많은 기술인력들이 필요하다 된는 점을 생각해야 한다. 즉, 새로운 일자리가 창출될 수 있다는 것이다.

아마존 고 무인상점

이러한 변화는 여러 산업에서 일어나고 있기에 미래의 직업에도 많은 영향을 미치게 된다. 우리는 앞으로의 직업이 어떤 변화를 겪게 될 것인지 그 안에서 어떤 방향으로 준비해야 할지 생각해 보아야 한다. 특히 단순 작업을 하는 직업은 아직 남아있으나 얼마 후면 비중이 줄어들거나 사라지는 등의 많은 변화를 가져올 것이다. 예를 들어 부동산 컨설턴트의 경우도 이제는 간단한 앱을 통해서 집을 쉽게 검색하고 거래 할 수 있게 되었다. 미래에는 부동산 중개인들은 정보력을 바탕으로 다른 방식으로 중개업을 해나갈 수 있을 것이다. 반면, 향후 지속될 확률이 높은 직업으로는 화가, 조각가, 사진 작가, 지휘자, 만화가 등의 창의적인 분야의 직업이 될 것이다. 4차 산업혁명은 이러한 변화를 촉진시키고 있는 것이다.

한편, 앞으로 새로 생겨나는 직업들은 훨씬 더 많을 것이다. 특히, 휴대폰 · PC · 서버 등에서 데이터를 수집하고 분석하여 범죄 수사에 활용하는 디지털 포렌식(Digital Forensic) 수사관, 누구도 정보를 조작할 수 없도록 기술을 개발하는 블록체인 전문가, 2018 아시안게임에서 정식 종목으로 채택되었던 e-sport의 총 책임자, 게임 방송 프로듀서, 데이터 전문가, 게임 방송 유튜버 등의 직업과 드론관련 콘텐츠 산업이나 반려동물 관련 산업이 확대될 것이다. 따라서 이러한 시대의 변화에 우리는 어떻게 대처하고 준비해햐할지에 대해 생각해 볼 필요가 있다.

컴퓨팅 사고력을 익히는 것은 컴퓨터 프로그램 구현을 통해서 문제를 해결할 수 있는 능력을 갖춘다는 것을 의미한다. 이는 4차 산업혁명 시대에 중요한 역량이라고 할 수 있다. 4차 산업혁명 시대에 로봇, AI등은 인간과의 경쟁의 대상 또는 인간의 자리를 위협하는 두려움이 대상이 아닌 협력의 관계로 자리매김 할 것이다. 따라서 친구에 대해서 잘 알고 있어야 그 친구와 친해질 수 있는 것과 마찬가지로 컴퓨터 과학과 인공지능 기술을 이해하고 다룰 수 있는 역량을 키워서 함께 협력할 수 있어야 한다.

따라서 컴퓨팅 사고력을 통해 프로그램을 구현하거나 컴퓨터 과학과 인공지능기술을 이해하는 것이 미래의 내가 가져야 할 역량과 어떤 관련이 있을지 생각해 보아야 할 것이다. 이제는 컴퓨팅 사고력은 컴퓨터공학 전공자뿐만 아니라 누구에게나 필요한 사고력으로 다양한 전공과 관심과의 관련성에 대해 생각해 보는 것이 중요하게 된 것이다.

1.3 컴퓨팅 사고력의 개념

컴퓨팅 사고력(Computational Thinking)은 기존에 전혀 없던 새로운 것은 아니다. 기존에는 연필과 종이 등의 구체물로 생각을 표현하였다면, 이제는 컴퓨터가 생각의 표현 도구가 되었다. 따라서 생각을 표현하는 도구와 표현의 방식이 달라짐에 따라 등장하게 된 것이 바로 컴퓨팅 사고력이다. 또한, 같은 도구인 컴퓨터를 사용한다 해도 프로그래밍을 한다는 것은 단순히 프리젠테이션이나 워드작성을 할 때와는 다른 사고과정과 사고수준을 요구한다. 이는 우리가 원하는 출력물이나 반응을 얻기 위해서는 '컴퓨터의 언어'를 거쳐야하기 때문이다.

예를 들어 도자기를 빗기 위해 사람이 직접 점토를 만지는 것이 아니라 도자기를 빗는 로봇을 조정한다고 생각해 보자. 로봇을 조정하기 위해서는 답답한 과정을 거친다. 사람 손으로 직접 빗는 것이 훨씬 더 직접적이고 자연스럽고 직관적일 수 있는데 말이다. 소소한 행동들을 모두 계산해서 조정해야하고 지시의 순서가 잘못되면 안 되며, 무엇보다 로봇은 임기응변 능력이나 눈치도 없다. 이렇게 내가 직접 하는 것이 아니라 로봇과 같은 또 다른 인공물을 통해서 내가 원하는 것을 한다는 것은 새로운 사고능력을 요구한다. 이 때 필요한 것이 바로 컴퓨팅 사고력이다.

우리는 실생활이나 각자의 전공 및 직무분야에서 반복되는 귀찮은 일, 위험에 노출된 일, 단순하지만 꼭 필요한 일, 개선이 필요한 일, 혼자서는 해결하기 어려운 일 등의 다양한 문제 상황들을 발견할 수 있다. 컴퓨팅 사고력이란 이러한 문제들을 컴퓨팅 기술을 바탕으로 보다 효율적으로 해결할 수 있도록 하는 능력이라고 할 수 있다. 또한, 컴퓨팅 사고력이란 문제를 해결하기 위한 사고 능력으로 단순히 프로그래밍 기술을 숙달시키거나 새로운 도구를 사용할 수 있는 능력이라기보다는 어떤 것이 필요한가, 어떻게 만들 것인가, 어떻게 적용할 것인가에 등에 관련된 능력이라고 할 수 있다. 즉, 컴퓨팅 사고력이란 **컴퓨팅의 기본적인 개념과 원리를 기반으로 문제를 효율적으로 해결할 수 있는 사고능력**이다.

컴퓨터 교육과 혁명적 창의 교육서인 '마인드스톰(Mindstorms, 1980)'을 쓴 시모어 페퍼트(Seymour Aubrey Papert)는 컴퓨터 기반 교육의 기틀을 닦은 과학자이자 인지과학자였고, 교육자 중 한 명이었다. 그는 아이들이 컴퓨터에 의해 끌려가는 게(programmed) 아니라 스스로 자신의 생각을 프로그래밍 하며 끌고가야 한다(programming)고 주장했다. 그는 1968년 만든 최초의 어린이 코딩 프로그램인 '로고'를 만들어 아이들이 직접 프로그램을 조작할 수 있도록 했다.

시모어 페퍼트(Seymour Aubrey Papert)   Jeannette M. Wing(카네기멜론대학)

자넷 윙 교수는 컴퓨팅 사고는 컴퓨터공학의 기본 개념을 끌어와 문제를 해결하기위해 시스템을 설계하는 것으로 컴퓨터 과학자 뿐 아니라 누구나 배워서 활용할 수 있는 보편적인 사고로써 누구나 기본적으로 갖춰야하는 역량이라고 주장하였다. 또한, 이러한 컴퓨팅 사고력은 2006년 미국 카네기멜론 대학교 컴퓨터공학과 자넷 윙 교수의 논문에서 처음 언급되기 시작하였다. 자넷 윙 교수는 컴퓨팅 사고력을 크게 '추상화(Abstraction)'와 '자동화(Automation)'의 두 가지 과정으로 언급하였다. 추상화란 복잡한 문제의 공통적이고 핵심적인 부분을 인식하여 통합할 수 있는 사고능력이다. 그리고, 자동화란 반복되는 일을 자동으로 처리되도록 하는 것이다. 즉, 프로그래밍 언어와 같은 컴퓨팅 기술을 통해 자동화를 구현할 수 있다. 그러나 현대의 여러 문제는 상당히 복잡하고 다양한 상황과 데이터를 다루어야 하기 때문에 단순히 특정 프로그래밍 언어를 잘 다루는 것만으로는 좋은 프로그램을 만들어 내기 어렵다. 따라서 자넷 윙은 프로그램을 구현하는 것뿐만 아니라 구현을 위한 설계능력인 추상화 과정도 함께 가르쳐야한다고 강조하였다.

컴퓨팅 사고력의 구성

추상화란 실세계의 복잡한 상황이나 문제를 해결하기 위한 형태로 단순하게 표현하는 사고과정을 의미한다. 컴퓨터를 이용하여 문제를 자동화하기 위해서는 문제를 단순화 해야 한다. 실세계의 아날로그 정보와 문제는 매우 복잡하지만 컴퓨터는 0과 1만으로 데이터를 처리하기 때문에 궁극적으로는 문제를 매우 단순하게 표현해야 컴퓨터에서 처리 가능하기 때문이다. 따라서 복잡한 상황이나 상태를 두 가지 형태로 표현할 수 있을 만큼 단순하게 바꾸어주는 과정이 필요한 것이다. 또한, 자동화란 추상화 과정에서 만들어진 알고리즘을 바탕으로 프로그래밍 언어로 표현함으로써 반복되는 작업을 자동으로 처리되도록 하는 것이다.

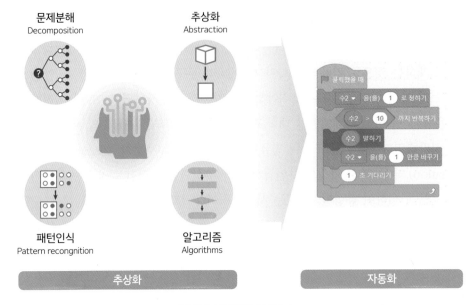

컴퓨팅 사고력의 구성요소

이러한 컴퓨팅 사고력은 여러 학자들과 기관에 의해 여러 구성요소들로 세분화하여 제시되었다. 2015년 미국 네브라스카 대학에서는 미국 과학재단의 지원을 받아 CT와 창조적 사고를 통합한 IC2Think 프로젝트에 의해 'CT Lesson Plan'을 개발하였다. 이를 Google for Education에 공개했는데, 2015년 7월에 Google CT Team으로 통합하였다. Google 에서는 컴퓨팅 사고력은 '다양한 특징과 성향을 포함한 문제해결 과정이며, 컴퓨터 어플리케이션 개발에 필수적이지만 수학, 과학, 인문학을 포함하는 모든 분야에 걸쳐 문제 해결을 지원하기 위해 사용될 수 있다'라고 언급했다. 또한, 컴퓨팅 사고력의 개념을 '컴퓨팅에서 문제해결과 관련된 정신적 과정 (추상화, 알고리즘설계, 분해, 패턴인식 등)'과 실제 산출물(자동화, 자료제시, 패턴의 일반화 등)이라고 정의 하였다. 본서에서는 이러한 Google for education에 발표된 컴퓨팅 사고력의 요소들을 참고로 컴퓨팅 사고력의 하위 요소로써 추상화를 위한 '문제분해(problem decomposition)', '패턴인식(Pattern recognition)', '추상화(좁은 의미의 Abstraction)', '알고리즘(Algorithms)' 요소와 '자동화(Automation)'에 대해 다룰 것이다. 이러한 각 요소의 정의는 다음과 같다.

- **문제분해(problem decomposition)** : 복잡한 과정이나 문제 상황을 처리 가능한 작은 문제로 분해한다.
- **패턴인식(pattern recognition)** : 부분 문제들 중에서 규칙이나 패턴을 찾는다.
- **추상화(abstraction)** : 문제 해결에 관련 없는 세부사항은 제거하고 핵심적이고 중요한 정보를 추출하여 단순하게 표현한다.
- **알고리즘(algorithms)** : 문제 해결과정을 프로그래밍의 구조에 의해 구조적으로 표현한다.
- **자동화(Automation)** : 설계된 알고리즘을 바탕으로 프로그래밍 언어로 구현한다.

즉, 먼저 복잡한 과정이나 문제 상황을 해결 가능한 작은 단위로 나눈다. 그리고, 그 작은 단위의 문제들 안에서 규칙이나 패턴을 찾아 도식이나 수식 등의 단순한 형태로 표현한다. 그리고 이를 바탕으로 프로그램으로 구현할 수 있도록 알고리즘을 작성한다. 이러한 알고리즘은 프로그램으로 구현되어 자동화할 수 있다. 이러한 과정을 거쳐 하나의 완성된 프로그램을 만들 수가 있다. 따라서 어떤 기술적 숙달을 목적으로 하는 것이 아니라 문제를 컴퓨팅으로 해결하는 과정을 컴퓨팅 사고력이라고 할 수 있다.

우리 주변에는 '오늘 점심은 무엇을 먹을까?', '가족이나 지인에게 어떤 선물을 줄까?', '애완 동물을 잠시 맡겨둘 곳을 어떻게 찾을까?' 등의 다양한 문제상황들이 있다. 이러한 다양한 문제들은 컴퓨팅 사고력을 통해 해결책을 쉽게 찾을 수 있고, 비슷한 문제를 가진 많은 사람들에게 해결책에 대한 도움을 줄 수 있다.

컴퓨팅 사고력은 프로그래밍 언어로 자동화함으로써 문제를 해결한다는 면에서 기존의 문제해결 방법과 큰 차이를 가지고 있다. 그래서 추상화의 모든 과정은 프로그램 구현을 염두하여 이루어져야 한다.

1.4 문제분해

문제분해란 주어진 문제를 해결 가능한 좀 더 작은 문제로 나누는 것을 의미한다. 실세계에서 발생하는 문제들은 일반적으로 매우 복잡하다. 따라서 이러한 복잡한 문제를 작은 크기의 문제로 분해해야 문제를 보다 효율적으로 해결할 수 있다. 문제를 해결하기 위해 우리가 어떤 어플리케이션을 만든다고 할 때, 우리는 먼저 그것에 어떤 메뉴나 기능이 필요할지, 어떤 절차로 작동되어야 할지에 대해 생각해야한다. 따라서 문제 해결을 위한 각각의 기능이나 절차로 작게 나누는 과정을 문제분해라고 할 수 있다. 이렇게 나누어진 각각에 대한 부분 문제들에 대한 해결책을 찾음으로써 전체 문제를 해결할 수 있다. 이러한 방식은 실제로 컴퓨터 과학에서 사용하는 분할 정복이라는 알고리즘의 방식이기도 하다.

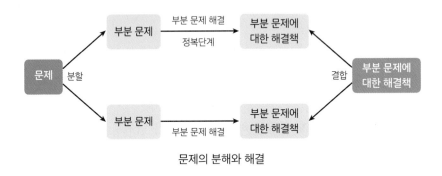

문제의 분해와 해결

1.5 패턴인식

문제 상황이나 데이터 내에서 반복되는 패턴이나 규칙을 찾게 된다면 같은 상황에서 발생할 상황을 예측하거나 일반화하여 적용될 수 있는 해결책을 더 쉽게 찾을 수 있다. 예를 들어, 매일 아침 8시면 집에서 나와 출근하는 패턴이 있는 사람을 보면 다음 날 아침에도 8시면 출근을 하기 위해 집을 나서겠다는 것을 예측할 수 있다. 따라서 효율적인 문제해결을 위해서는 패턴을 찾는 것이 중요하다.

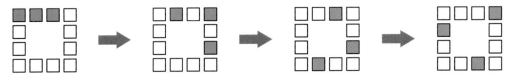

패턴인식의 예

예를 들어, 패턴이 있는 도형의 변화 과정에서 패턴을 찾을 수 있다면 네 번째 도형을 예측할 수 있을 것이다. 즉, 빨간색의 위치가 한 칸이 옮겨지고 빨간색 간의 간격이 하나씩 늘어나고 있다는 패턴을 발견할 수 있다.

1.6 추상화

복잡한 문제를 컴퓨터 프로그램으로 구현하려면 컴퓨터가 처리 가능하도록 문제를 단순화해야 한다. 그리고 문제를 분해하고 동작이나 데이터에서 패턴을 찾았다면 그것을 알고리즘으로 작성할 수 있도록 다양한 방식으로 간단하게 표현해야 한다. 그러기 위해서는 먼저 중요하지 않은 부분은 제거하고 중요한 부분인 핵심요소만 추출해야한다. 이와 같이 문제 해결에 필요한 핵심요소를 발견했다면 그 요소들 간의 관계나 규칙을 그림이나 수식 등으로 간단하게 표현할 수 있다.

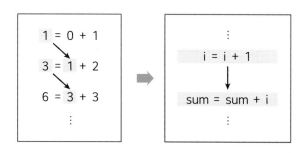

1에서 100까지 수의 합 계산에서의 패턴과 추상화

예를 들어, 여기 1에서 100까지의 합을 구해야하는 문제가 있다. 이 문제를 분해한다면 먼저 0에 1을 더하고, 1에 2를 더하고, 그 더한 것에 3을 더하고 그 더한 것에 4를 더하는 여러 작은 문제로 나눌 수 있게 된다. 그리고 이 과정 가운데 패턴을 발견할 수 있는데, 처음에 두개의 숫자를 더한 결과에 1부터 100까지 1씩 증가하는 숫자를 계속 누적시킨다는 것이다. 이러한 문제에서 핵심요소는 '증가하는 숫자'와 그것의 '합'이다. 이렇게 증가하는 숫자를 i라고 정하고, 그것들의 합을 sum이라고 정한다면, 더해지는 숫자는 +1씩 증가하는 패턴이 있기 때문에 i=i+1로 표현할 수 있고, 합을 누적하기 위한 패턴은 sum=sum+i 라고 표현할 수 있다. 이 수식을 바탕으로 i를 1부터 100까지 1씩 증가시키도록 반복시켜 최종적으로 sum의 값을 계산하도록 하는 알고리즘을 작성할 수 있다. 이러한 알고리즘을 다양한 프로그래밍 언어로 구현할 수 있다.

1.7 알고리즘

알고리즘은 어떤 문제를 해결하기 위한 절차나 방법을 의미한다. 이러한 알고리즘을 작성할 때 우리가 중요하게 생각해야 되는 것은 순서대로 자세하게 표현해야 한다는 것이다. 우리가 원하는 대로 작동이 되지 않는다면 그것은 명령어 문제일 것이다. 왜냐하면 컴퓨터는 주어진 명령만을 순서대로 실행할 수 있기 때문이다.

예를 들어, 로봇에게 라면을 끓이도록 명령한다고 가정해 보자.

① 물을 냄비에 넣기

② 물이 끓을 때까지
③ 냄비에 있는 물을 가열

④ 스프를 넣음
⑤ 면을 넣음

⑥ 만약 계란 추가 옵션이 있다면
⑦ 계란을 넣는다

⑧ 라면을 그릇에 담는다.

라면 끓이는 과정의 알고리즘

먼저 냄비에 물을 넣도록 한다. 그런데 그냥 냄비에 물을 넣으라고 한다면 '물을 200ml를 넣어라' 등과 같이 물의 양을 정확하게 제시해야한다. 물이 끓을 때 라면과 스프를 넣어야 한다면, 물이 끓는 기준을 제시하여 명령해야한다. 따라서 '물이 100℃가 될 때까지 냄비에 있는 물을 가열하라'고 조건에 의한 반복구조를 사용해야 할 것이다. 그리고 '스프를 넣어라. 라면을 넣어라'등의 절차를 순서대로 명령해야 할 것이다. 또한, 상황에 따라서는'만약에 계란이 먹고 싶다면 계란을 넣어라' 등의 특정 조건에 의해 다른 명령이 실행되도록 할 수도 있다. 이러한 과정들을 기술하는 것을 알고리즘이라고 할 수 있다.

1.8 **자동화**

자동화는 일 처리를 컴퓨터나 전자 기기를 이용하여 자동으로 되도록 하는 것으로써 컴퓨터화(computerzation)와 같은 의미이다. 따라서 알고리즘으로 설계된 것을 프로그래밍 언어를 사용하여 구현하는 과정이다. 여러 가지 변수의 변화에 의해 달라지는 시뮬레이션을 가능하도록 하며, 여러 개의 작업을 병렬로 처리하도록 할 수도 있으며, 오작동하는 프로그램을 디버깅 과정을 통해 수정하는 과정을 포함한다.

자동화를 가능하도록 하는 것은 프로그래밍 언어이다. 프로그래밍 언어는 기계어(machine language)만을 이해하는 컴퓨터와 자연어(natural language)를 구사하는 인간 사이의 의사소통 수단으로 작용하기 위한 언어이다. 프로그래밍 언어에는 C, Java, Python 등의 다양한 상업용 언어가 있으며, Scratch, Entry, Squeak e-toy와 같은 교육용 프로그래밍 언어도 있다.

빅데이터란 기존 데이터베이스로는 저장 및 분석하기 어려울 만큼 방대한 양의 데이터를 의미한다. 이러한 빅데이터는 우리가 매일하는 검색과정에서 생기는 키워드, 경로, 위치 등의 데이터뿐 아니라 산업, 의료, 교육, 문화 등의 다양한 분야에서 실시간으로 생성되고 있다.

서울시는 30억 건의 통화량, 심야 택시 승하차 데이터 500만 건을 융합·분석해 특정지역의 심야시간 휴대폰 통화량 증가패턴 발견 후 심야버스의 노선을 최적화하는 데 성공했다. 이와 같이, 빅데이터를 잘만 활용할 수 있다면 사람의 생명을 살리는 기술도 발전할 수 있게 될 것이다.

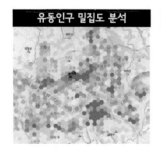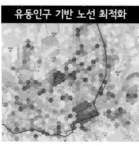

서울시 심야버스 노선 최적화

캐나다 온타리오 공과대병원 감염 예측 프로그램은 병원이 제공한 환자 데이터를 대학(온타리오 공과대)에서 기업(IBM)이 제공한 분석시스템을 활용하여 분석하는 형태다. 이렇게 분석된 감염병 예측 데이터는 질병에 상대적으로 더 취약한 신생아와 미숙아의 질병 발병 예측 등에 활용되고 있다.

이러한 두 사례에서 알 수 있듯이 시스템 및 프로그램의 구현과 구축은 그것을 구현하는 기술자만의 고유물이 아니다. 관련 분야의 모든 전문가들이 함께 협업하여 이뤄내는 산출물이다. 따라서 컴퓨팅 사고력은 컴퓨터 관련 전공자의 전유물이 아니라 모든 분야의 사람들이 함께 공유하고 습득해야 하는 사고방법이라고 할 수 있다.

컴퓨팅 사고력과 혁신

오늘날 4차 산업혁명 시대의 우리들에게 필요한 역량은 무엇일까? 우리에게는 로봇과는 다른 풍부한 상상력과 창의성이 있다. 우리는 이러한 상상을 생각에 그치지 않고 혁신으로 만들 수 있다. 그러기 위해서는 도전이 필요한데, 도전은 소프트웨어를 이해하고 그 가치를 알 때 가능하다. 이렇게 상상에서 도전과 혁신을 만들기 위해서는 컴퓨팅 사고력이 필요하다.

TIP **컴퓨팅 사고력 적용 사례1**

비닐하우스

사계절 내내 감귤 재배가 가능한 온실 시스템을 만들었다. 그러나 실내 온도변화를 민감하게(빨리) 알 수 없어서 매번 온도조절에 어려움을 겪는다. 특정 기준 온도를 넘거나 떨어지면 난방기를 끄거나 켜도록 제어하는 프로그램을 설계해 보자.

- 분해 : 온도 측정, 난방기 on/off 기능
- 패턴인식
  - 온도를 계속(반복) 측정.
  - 온도가 얼마일 때 감귤이 잘 자라는지 또는 죽는지 패턴을 찾아 온도 기준 설정
- 추상화
  - 핵심요소: 온도, 난방기
  - 온도 25도 이상이면 난방기 끔, 미만이면 켬
- 알고리즘

```
만약 온도 < 30
        Yes 난방기 on
        no 난방기 off
```

https://scratch.mit.edu/projects/447730162/

TIP   **컴퓨팅 사고력 적용 사례2**

무인주차장

한정된 주차공간이 있는 주차장의 무인시스템을 설계해보자.

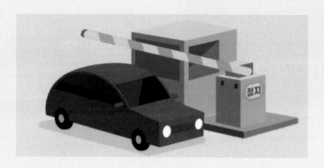

- 분해 : 잔여 주차공간, 자동차 수
- 패턴인식 :

  - 현재 입차가능 공간 확인
  - 자동차가 입차 할 때마다 1대씩 누적 확인

- 추상화

  - 핵심요소: 남은 공간, 자동차 수
  - 입차한 자동차수: 자동차수 ← 자동차수 + 1
  - 자동차가 10대 미만일때까지만 입차 허용

- 알고리즘

```
만약 자동차 < 10
      Yes 입차 가능(문 열기)
              자동차수 ← 자동차수 + 1
       no 입차 거부
```

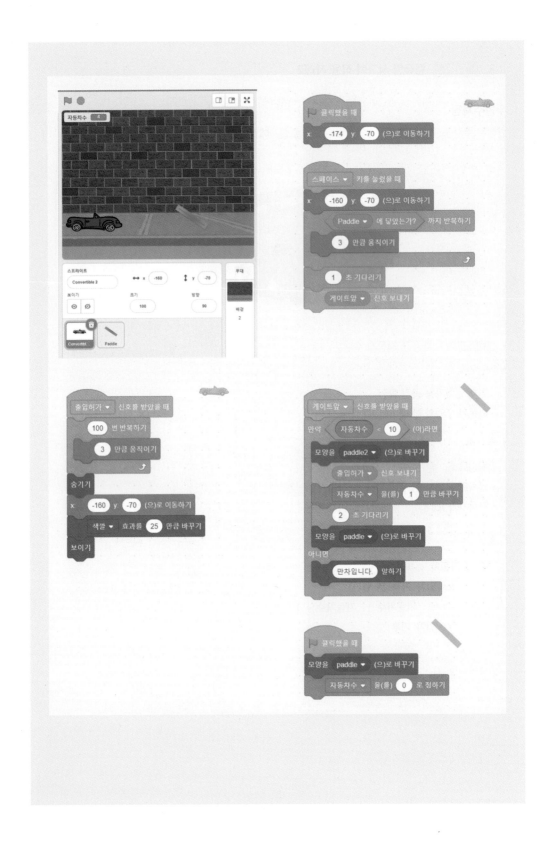

게임 분석하기

■ 간단한 앱이나 게임을 선택하여 각 요소에 해당하는 것을 찾아 보자.

1. 게임이나 앱을 스마트폰에 설치한다.
2. 나만의 게임(사용) 미션을 2~3가지 정하여 활동지에 적고 게임을 해보며 미션을 해결할 때마다 체크한다.
3. 문제분해-게임에서 보이는 구성요소(객체, 배경, 숫자 등)를 찾아 모두 기록한다.
4. 문제분해-찾은 구성요소를 움직이는 것과 움직이지 않는 것으로 나누어 적는다.
5. 패턴인식-게임에서 반복되는 패턴이나 규칙이나 객체의 움직임을 최대한 찾아 적는다. (앞에서 찾은 움직이는 객체들을 중심으로 기록한다.)
6. 추상화-앞에서 기록한 내용 중에서 게임의 핵심요소들을 선별하여 적는다. (변수가 되어야 하는 변하는 수와 가장 중요한 규칙이나 움직임만 골라 적는다.)

※ Flappy bird 게임이 구현되기까지의 과정에서 컴퓨팅 사고력의 요소를 이해해 본다.

Flappy bird 게임

1. 문제분해 : 게임의 구성요소 알아보기

   가. 게임에서 보이는 모든 것을 적어보세요.

   > 플래피 버드, 파이프, 하늘과 땅 배경, 숫자, Start버튼, Score 버튼, Game over, 잠시멈춤 버튼, Plappy bird 제목, 점수판

나. 움직이는 것과 움직이지 않는 것을 적어 보세요.

움직이는 것(변하는 것)	움직이지 않는 것(변하지 않는 것)
숫자, 플래피 버드, Score, 파이프, Plappy bird 제목, 점수판	하늘과 땅 배경, Start버튼, Score 버튼, Game over, 잠시멈춤 버튼

2. 패턴인식 : 게임에서 반복되는 패턴 인식하기

1	Start 버튼을 클릭하면 게임이 시작된다.
2	플래피 새가 계속 아래로 떨어진다.
3	새를 클릭하면 위쪽으로 조금씩 올라간다.
4	파이프가 오른쪽에서 왼쪽으로 이동한다.
5	파이프 사이를 통과하면 1점씩 증가한다.
6	새가 바닥이나 파이프에 닿으면 게임이 끝난다.
7	게임이 끝나면 점수가 보여진다.

3. 추상화 : 중요한 요소를 선별하기

변하는 수가 되는 것들(데이터)	중요한 패턴들(절차)
Score(점수)	새가 아래로 내려오기 새를 클릭하면 올라가기 파이프 지날때마다 1점씩 추가 바닥이나 파이프에 닿으면 게임 끝

4. 알고리즘

```
새가 파이프에 닿을 때까지 반복하기
        새의 Y좌표 -2 감소
        만약 새를 클릭하면
                새의 Y좌표 +10 증가
        만약 새가 파이프를 통과하면
                점수에 1점 추가
게임 종료
점수 보이기
```

컴퓨터 사고력의 이해

■ 펜의 움직임에 따라 사각형이 그려지도록 하려고 합니다. 3면은 그려졌으나 마지막 면이 그려
지지 않았습니다. 사각형이 완성되도록 수정하시오.

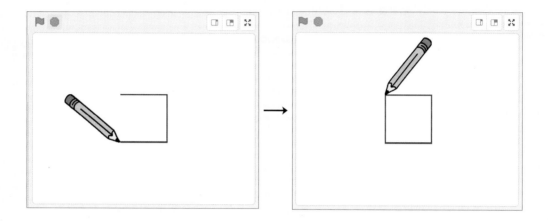

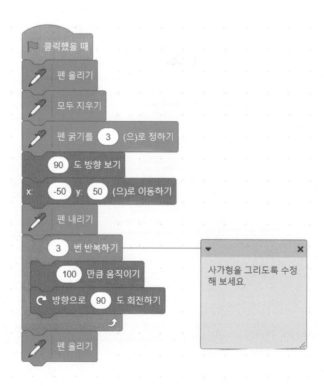

1. 우리는 4차 산업혁명 시대에 살고 있다. 다음의 빈칸을 채우시오.

> 1차 산업혁명은 증기기관의 힘을 이용한 기계화 혁명이었고, 2차 산업혁명은 (　①　)를 사용함으로써 대량 생산이 가능하였고, 3차 산업혁명은 자동화를 위하여 전자 및 정보기술을 사용하였다. 4차 산업혁명은 사물 인터넷, 인공지능, 빅데이터 등의 기술로 인하여 물리적 공간과 (　②　)이 연결되고, 기계의 지능화를 통해 생산성이 고도로 향상되는 산업혁명이다.

① (　　　　　　　　　　　　)

① (　　　　　　　　　　　　)

2. 컴퓨터 게임을 구현한다고 할 때, 사용되는 컴퓨팅 사고력의 구성 요소별 설명으로 적절한 것은?

① 문제분해 : 프로그래밍 언어로 구현

② 패턴인식 : 게임의 진행과정을 의사코드로 나타냄

③ 추상화 : 여러 게임 요소 중에서 핵심이 되는 중요한 요소 추출

④ 알고리즘 : 변하는 값과 변하지 않는 게임의 구성요소 파악

⑤ 자동화 : 주인공의 움직임, 점수 획득의 과정에서의 반복 패턴 찾기

3. 내 생활을 편리하게 해준 앱은 무엇인가? 그 앱을 만들기 위해 어떤 과정을 거쳤을 지 컴퓨팅 사고력의 단계를 고려하여 간단히 분석해 보시오.

> ① 어플 이름 :
>
> ② 문제분해 :
>
> ③ 패턴인식 :
>
> ④ 추상화 :
>
> ⑤ 알고리즘 :

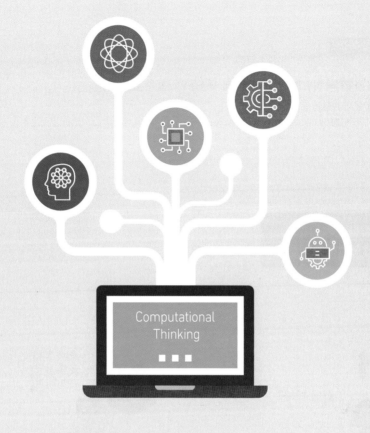

CHAPTER 2

크고 복잡한 문제는
분해하자

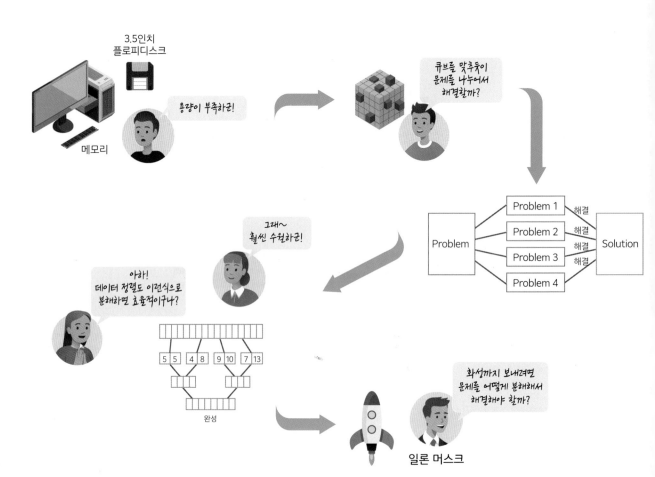
1. 컴퓨팅 사고력의 하위요소인 문제분해의 개념을 이해할 수 있다.
2. 다양한 문제 상황을 분해할 수 있다.

크고 복잡한 문제는
분해해서 해결하는게 좋아.

개념 이해

2.1 문제와 문제해결

우리는 살아가면서 수많은 문제들을 만나고 이를 해결해 가면서 한 단계씩 성장해 가고 있다. 우리가 부딪히는 삶의 여러 가지 문제들은 그 유형이 다양하고 해결방식도 다양하다.

문제란 무엇일까? 문제는 다양하게 정의내릴 수 있으나, 문제는 사람을 생각하게 하거나 괴롭히게 할 수 있는 일이나 종류라고 할 수 있다. 문제란 해결해야하는 과제를 말하고, 목표 상태와 현재 상태의 차이를 일컫는다. 이 차이를 해결하는 과정이 바로 문제 해결이라고 할 수 있다.

문제해결에는 단순한 것도 있지만 복잡한 것도 있고, 시간이 적게 걸리는 것도 있지만 시간이 오래 걸리는 것도 있고, 일회적인 문제해결도 있지만, 반복적인 혹은 연속적인 문제해결도 있고, 정답이 정해진 것도 있지만 정답이 정해지지 않은 열린 문제도 있다. 실상 현대 사회가 더욱 복잡해지면서 우리가 접하는 문제들은 더욱 복잡해지고 있어 문제해결을 어떻게 해야할지에 대해 어려움을 겪기도 한다. 이러한 문제를 해결하기 위해서는 문제에 어떻게 접근해야 할까?

문제 중에는 컴퓨팅을 활용하여 해결책의 효율성을 보장할 수 있는 문제가 있는데, 이를 컴퓨팅 기반 문제라고 한다. 컴퓨팅 기반 문제는 1.결정 문제 2. 탐색 문제 3. 연산 가능한 문제 4. 최적화 문제로 구분할 수 있다. 결정 문제는 예/아니오로 이루어지는 문제로 조건과 요소를 기반으로 이론을 전개하고 결과를 얻을 수 있는 문제이다. 탐색 문제는 문제의 답이 될 수 있는 것의 요소를 체계적으로 찾아보고 탐색된 자료를 통해 문제의 분석이 가능한 문제이다. 연산 가능한 문제는 연산을 통해 계산할 수 있는 문제이다. 최적화 문제는 주어진 범위 안에서 최대값과 최소값을 찾아 자원 또는 비용의 효율성을 추구하는 것으로 최적화 시킬 해결책을 찾는 문제이다.

문제해결은 현재 상태에서 목표 상태로 도달하기 위한 여러 가지 요소들을 필요로 한다. 현재 상태는 문제를 해결하기 전의 상대이고, 목표 상태는 문세의 해결 후의 상태를 말한다. 즉, 목표상태는 문제해결을 통해 나타나는 기대되는 결과이라고 할 수 있다. 즉, 문제해결과정은 현재 상태에서 목표 상태로 도달하기 위한 인지적 처리 및 사고 활동의 과정이다. 문제해결을 위해서는 시간, 방법, 노력, 지식, 기술, 태도 등과 같은 다양한 것들이 복합적으로 요구될 수 있다.

문제해결을 위한 과정으로 폴리야(Polya)는 문제이해, 해결 계획의 수립, 문제해결, 실행 및 평가라는 4개의 단계를 제안하였다. 문제 해결을 위해서 가장 먼저 필요한 것은 문제에 대한 이해인데, 문제해결을 위한 목적이 무엇인지, 문제를 해결하기 위해 필요한 조건이 무엇인지, 그 조건을 구하기 위한 방법이 무엇인지와 같이 조건과 정보에 대한 정확한 이해가 필요하다. 이를 위해서는 문제의 이해와 분석을 토대로 문제를 해결하기 위한 자료를 모으는 단계인 '자료 수집', 수집된 자료와 문제에 주어진 자료를 세심히 분류하고 분석하는 단계인 '자료 분석', 자료 내용을 그래프, 챠트, 단어, 이미지 등으로 표현하는 단계인 '자료 표현'과 같은 과정이 필요하다.

2.2 문제분해의 개념

이러한 문제 이해 과정이 끝나면 이제 본격적으로 효율적인 문제해결을 위한 인지적 처리 과정의 첫 번째 과정이 시작되는데, 바로 문제를 분해하는 것이다.

분해는 영문으로 'Decomposition'으로 복잡한 문제를 쪼개서 해결 가능한 크기의 부분 문제들의 집합으로 바꾸는 것을 의미한다.

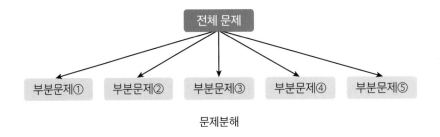

문제분해

문제를 잘게 쪼개는 문제분해를 통해서 문제를 해결하는 것은 이미 많은 경우에 사용해온 방법이다.

목걸이의 재료비를 구하는 문제를 생각해 보자.

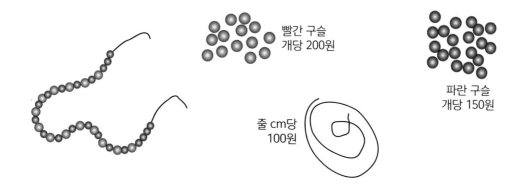

빨간 구슬
개당 200원

파란 구슬
개당 150원

줄 cm당
100원

목걸이의 재료비를 구하기 위해서는 목걸이가 무엇으로 이루어졌는지를 먼저 분해하는 것이 필요하다. 그리고 각 재료들이 얼만큼 필요한지 양을 구하여, 각각의 재료들의 비용을 계산하고, 이를 더하면 전체 문제가 해결된다. 예를 들어 목걸이를 이루는 구슬이 빨간 구슬과 파란 구슬이라고 한다면, 각 구슬의 양을 계산하고, 각 색깔별 구슬의 단가를 곱하여 더해주면 된다. 그리고 구슬들을 연결할 실의 길이를 계산하여 실의 단가와 곱한 것을 구슬 비용에 합하면 전체 문제가 해결된다.

**25cm 줄로 된 목걸이의
총 금액은 얼마일까?**

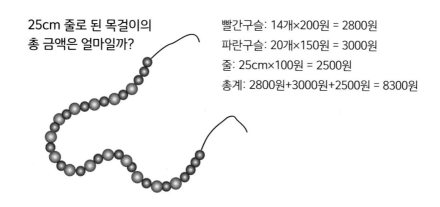

빨간구슬: 14개×200원 = 2800원
파란구슬: 20개×150원 = 3000원
줄: 25cm×100원 = 2500원
총계: 2800원+3000원+2500원 = 8300원

또다른 예로 우리가 매일의 일상에서 맞닥는 문제를 예로 들어 보자.

'아침식사로 샌드위치와 코코아를 먹으려고 하는데, 아침을 어떻게 만들어 먹을까?'라는 것이 문제라고 해 보자. 아래 그림과 같이 아침을 만들기를 그 하위 요소로 나누어 보면, 샌드위치 만들기와 코코아 만들기로 나눌 수 있다. 그리고 다시 샌드위치 만들기라는 문제를 나누어 보면, 빵썰기, 빵 굽기, 빵에 재료(햄, 치즈, 양상추 등) 얹기, 빵 얹기로 세분화 할 수 있다. 코코아 만들기라는 문제를 나누어 보면, 물 끓이기, 코코아 넣기, 물 붓기로 세분화 할 수 있다.

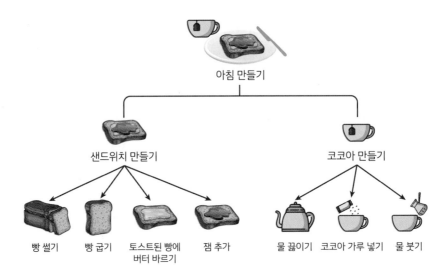

일상생활 속의 문제분해

이렇게 문제를 하나씩 분해를 해보면 부분 문제들이 모여서 크고 복잡한 문제를 이루게 된다는 것을 알 수 있다.

문제분해와 문제 해결

위의 문제와 같은 일상적 문제들의 해결과정을 생각해보면, 우리는 이전의 경험을 통해서 얻은 경험적 지식을 문제해결과정에 적용한다는 것을 알 수 있다. 이런 문제해결과정의 특징을 보면 순차적이고 절차적이라는 것을 알 수 있다. 이렇게 순차적이고 절차적인 문제들이 복잡하게 얽혀서 나타날 때, 문제분해를 통해서 구조화하고 각각의 부분 문제들을 해결한다면 복잡하고 큰 문제들도 효율적으로 해결할 수 있게 된다.

2.3 문제분해의 방법

첫째, 문제를 분해하기 위해 문제해결과정이나 절차를 분해하는 절차분해 방법이 있다.

일상생활에서 문제분해는 많이 활용되고 있다. 피자를 만드는 로봇 문제를 예로 들어보자.

맛있는 피자를 만드는 로봇을 만드는 것이라고 목표 상태라고 할 때, 무엇을 먼저 해야 할까? 바로 피자를 만들기 위한 절차적인 순서를 분해하여 문제해결의 과정을 정리할 수 있다. 피자 만들기의 절차를 생각해 보면, 도우 만들기, 소스 바르기, 치즈 얹기, 토핑 얹기, 굽기의 과정을 들 수 있다. 이러한 각 과정은 순서를 가지는 문제분해의 결과이다.

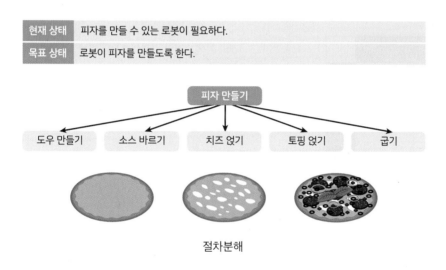

절차분해

둘째, 문제해결을 위해 여러 기능으로 나누어보는 기능 분해 방법을 사용할 수 있다. 피자를 만드는 로봇은 피자만드는 절차가 각각의 기능이 될 수도 있다. 그러나, 절차와 상관없이 독립적인 기능을 가진 형태로 문제를 분해할 수도 있다. 예를 들어, 뮤직비디오를 촬영하기 위해 가수는 노래를 연습하고, 댄서는 춤을 연습하고, 무대감독은 무대장치를 준비한다. 이와 같이 각각의 역할이 완성될 때 하나의 뮤직비디오를 완성시킬 수 있다.

컴퓨터가 이미지를 인식하는 방식에서도 문제분해 방식을 생각해 보자. 컴퓨터는 한 화면에 담긴 정보를 각 셀별로 0과 1로 분해하여 이미지를 인식한다. 각 셀별로 들어온 정보를 분해하여 흰색은 0으로 검정색은 1로 나타낸다. 이렇게 하나의 이미지를 각 셀 단위로 나누어서 0과 1로 표현하는 방식에서 데이터를 분해하는 원리가 사용된다. 이렇게 한 줄씩 숫자로 분해하고 이를 다시 합성하여 전체 이미지를 인식하게 된다.

이미지를 표현하는 다음의 방법을 보면(0이 검정색, 1이 흰색이라고 할 때)

첫 번째 줄의 데이터는 1, 0, 0, 0, 1 로 나타낼 수 있으며, 두 번째 줄의 데이터는 1, 1, 1, 1, 0 으로 나타낼 수 있다.

이러한 방식으로 나타낸 데이터를 압축하여 검정색과 흰색의 개수를 세어 나타내면, 다음 과 같다.

- 홀수 번째 숫자는 흰색 픽셀의 개수를 의미함
- 짝수 번째 숫자는 검정색 픽셀의 개수를 의미함

1, 3, 1	1개의 흰색, 3개의 검정색, 1개의 흰색
4, 1	4개의 흰색, 1개의 검정색
1, 4	1개의 흰색, 4개의 검정색
0, 1, 3, 1	0개의 흰색, 1개의 검정색, 3개의 흰색, 1개의 검정색
0, 1, 3, 1	0개의 흰색, 1개의 검정색, 3개의 흰색, 1개의 검정색
1, 4	1개의 흰색, 4개의 검정색

이렇게 컴퓨터는 한 줄씩 숫자로 분해하고, 이를 다시 모아서(합성) 이미지를 인식하는 방 식을 사용한다.

셋째, 복잡한 문제 상황에서 다뤄지는 데이터가 무엇인지 파악하고 분해하는 것은 문제를 컴퓨팅으로 해결하기 위해 매우 중요한 과정이다. 즉, 문제를 해결하기 위해 관련된 데이 터가 무엇인지, 필요한 데이터가 무엇인지 분석해 볼 필요가 있다. 이렇게 문제해결과 관 련된 정보 및 데이터를 컴퓨터를 이용하여 수집하고 정리하여 표현함으로써 문제 해결을 위한 준비를 할 수 있다. 예를 들어, 다각형을 그려주는 프로그램을 만들고자 할 때, 삼각 형, 사각형, 오각형, 육각형 등의 다양한 다각형과 각 도형의 변, 꼭지점, 외각, 내각 등의 관련된 데이터를 수집할 수 있다.

컴퓨팅에서도 분할정복기법을 사용하여 문제를 부분 문제로 나누고, 각각의 부분문제해결을 결합하여 전체 문제가 해결되는 기법을 사용한다. 컴퓨터의 대표적인 알고리즘인 검색 알고리즘을 예로 들어보자. 검색 알고리즘은 컴퓨터가 하나의 데이터를 찾기 위한 순서와 절차를 말한다. 이진검색 알고리즘을 예로 들어보자. 아래 그림에서 초록색 옷을 입은 사람을 찾는다고 한다면, 컴퓨터는 우선 많은 데이터를 반으로 나누어서 원하는 데이터가 있는지를 찾는다. 그리고 또 다시 놓여져 있는 데이터를 다시 반으로 나누어서 원하는 것이 있는지를 찾는다. 이렇게 데이터의 수를 반으로 나누어서 검색을 하는 방식이 이진탐색 알고리즘이다.

이러한 이진 검색 알고리즘은 정렬된 리스트에서 중간값을 비교하여 탐색 범위를 줄여가는 알고리즘이다. 단 이진 검색이 효과적으로 활용되기 위해서는 데이터가 규칙을 가지고 정렬이 되어 있어야 한다. 검색하고자 하는 데이터가 숫자라면 크기순으로 정렬이 되어있어야 한다. 이러한 이진 검색 알고리즘의 효율성은 1024개의 숫자에서 1개의 숫자를 찾기 위해서 1024개의 데이터를 일일이 다 비교하지 않고 최소 10번의 비교를 통해서 원하는 값을 찾아낼 수 있다는 것이다.

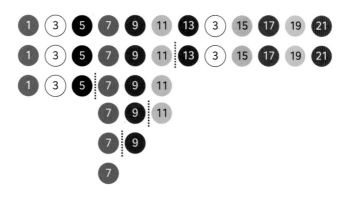

분제 기법을 이용한 이진탐색

2.4 문제분해의 사례

컴퓨팅으로 효율적으로 문제를 해결할 수 있는 실제 사례를 찾아서 문제분해를 적용해 보자.

첫 번째 주제는 "버스 알리미"이다.

이 문제에서 현재 상태는 버스가 언제 올지 알기가 어려운 것이고, 목표 상태는 버스가 언제 올지 실시간으로 정확하게 알고 싶은 것이다. 이 문제를 해결하기 위해서 버스가 언제 오는지는 알려주는 프로그램을 만든다고 한다면, 프로그램의 기능을 고려하여 문제를 분해할 수 있다. 먼저, 내가 있는 정류장의 위치를 확인하는 기능, 버스 노선을 확인하는 기능, 버스의 이동 위치를 확인하는 기능, 내 정류장에 시간을 알려주는 기능으로 분해해 볼 수 있다.

▪ '버스 알리미'의 문제 정의

현재 상태	버스가 언제 올지 알기 어렵다.
목표 상태	버스가 언제 올지 정확하고 빠르게 알고 싶다.

▪ '버스 알리미' 문제의 문제분해

내 정류장 위치 확인	버스 노선 확인	버스의 이동 위치 확인	내 정류장에 시간 알람

두 번째 주제는 "화장실 사용 안내"이다.

이 문제에서 현재 상태는 화장실 어느 칸이 사용중인지 화장실 입구에서 알기가 어려운 것이고, 목표 상태는 화장실 어느 칸이 사용 중인지 입구에서 확인을 쉽게 하고 싶은 것이다. 이 문제를 해결하기 위해서 화장실에서 어느 칸이 사용 중인지를 알려주는 프로그램을 만든다고 한다면, 프로그램의 기능을 고려하여 문제를 분해할 수 있다.

먼저, 화장실 각 칸의 사용여부를 확인하는 기능, 화장실의 각 칸의 사용여부를 표시하는 기능, 화장실 대기 인원을 표시하는 기능으로 분해해 볼 수 있다. 문제를 분해한 후에는 각 기능이 어떤 내용을 담고 있는지를 정의할 필요가 있다. 화장실 각 칸의 사용여부를 확인하는 기능은 문이 잠겨있거나 열려있는 것을 센싱하여 사용 여부를 확인한다. 화장실의 각 칸의 사용여부를 표시하는 기능은 각 칸의 사용여부에 따라 색을 달리하여 화면에 표시한다. 화장실 대기 인원을 표시하는 기능은 현재 화장실 대기를 신청하고, 그 인원을 표시하게 한다.

이렇게 문제를 분해하고, 분해한 각 요소들의 정의를 정리해 두면 실제 프로그램을 개발할 때 유용하게 활용할 수 있다.

■ '화장실 사용 안내'의 문제 정의

현재 상태	화장실 어느 칸이 사용 중인지 입구에서 알기 어렵다.
목표 상태	화장실 어느 칸이 사용 중인지 입구에서 확인하기 쉽게 하고 싶다.

■ '화장실 사용 안내'의 문제분해

화장실 각 칸의 사용여부 확인	사용여부 표시 기능	대기 인원 표시
문을 잠그거나 열린 것을 센싱하여 확인할 수 있도록 한다.	각 칸의 사용여부에 따라 색을 달리하여 화면에 표시한다.	현재 화장식 대기를 신청하고 그 인원을 표시해 준다.

컴퓨팅 문제의 분해

컴퓨팅으로 문제를 해결할 수 있는 아래와 같은 실생활의 문제를 보고, 빈 칸을 채워넣어 보자.

■ 컴퓨팅을 활용하여 해결할 수 있는 문제의 예

현재 상태	주차장에서 필요한 노동력이 너무 단순하여 아깝다.
목표 상태	주차 요금 계산을 무인화하고 싶다.

■ 컴퓨팅을 활용하여 해결할 수 있는 문제분해 예

차량 번호 인식	입차 시간 확인	출차 시간 확인	시간 차에 따른 주차 요금 계산

■ 컴퓨팅을 활용하여 해결할 수 있는 문제의 예

현재 상태	가로등이 정해진 시간에만 켜져서
목표 상태	시간에 상관없이 어두우면 가로등이 켜지면 좋겠다.

■ 컴퓨팅을 활용하여 해결할 수 있는 문제분해 예

어두운 정도 인식	시간 인식	가로등 켜기/끄기	(추가) 차량의 확인

로봇 청소

■ 다음과 같이 로봇 청소기가 움직이도록 코드를 작성해 보자. 먼저 로봇 청소기의 동선을 분해
하여 보자.

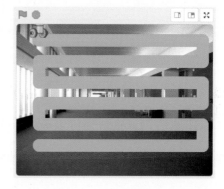

로봇 청소기 초기화
(위치, 동작)

오른쪽으로 이동,
위로 이동,
왼쪽 보기

3번 반복

왼쪽으로 이동,
위로 이동,
오른쪽 보기

■ 로봇 청소기를 다른 패턴으로 움직이도록 해보자.

내가 만드는 로봇 청소기의 동선	동작 또는 동선 분해하기
	①
	②
	③
	④

얼굴 그리기

■ 이 프로그램은 얼굴을 그리는 프로그램입니다. 그런데 눈과 입 사이도 선을 그립니다. 아래와
같이 제대로 그려지도록 수정하시오.

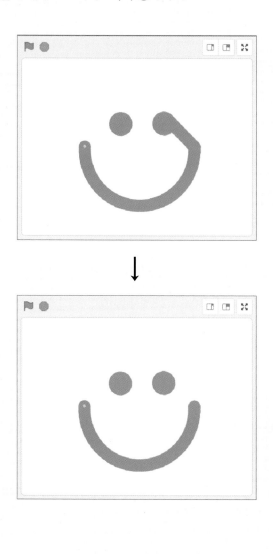

1. 컴퓨팅 사고의 중요한 개념 중 하나로 복잡한 문제를 좀 더 작고 처리 가능한 부분 문제로 나누는 것을 무엇이라고 하는가?

① 문제분해   ② 패턴인식

③ 추상화   ④ 알고리즘

⑤ 평가

2. 문제분해에 대한 설명이 아닌 것은?

① 분해는 복잡한 문제를 쪼개서 해결 가능한 크기의 작은 문제들로 나누는 기술

② 분할 정복 알고리즘도 분해 기법을 사용하는 대표적인 알고리즘

③ 이진 탐색에서는 비교 결과에 따라서 전반부 혹은 후반부를 완전히 탐색에서 배제할 수 있음

④ 이진 탐색은 데이터가 정렬되었을 때 사용할 수 있는 아주 빠른 탐색 기법

⑤ 분해된 각각의 문제에 대한 해답을 만드는 과정을 병렬처리라고 함

3. 1000개의 정렬된 숫자 리스트에서 특정 숫자를 찾으려고 한다. 이진 검색 알고리즘을 이용할 경우 최소 몇 번 만에 원하는 숫자를 찾을 수 있는가?

① 10번   ② 50번

③ 200번   ④ 250번

⑤ 500

4. 다음은 컴퓨팅 사고에서의 문제정의를 설명한 것이다. 괄호 안에 들어갈 알맞은 말이 순서대로 나열된 것을 고르시오.

> 문제(Problem)란 (   ) 상태와 (   ) 상태 사이에 차이(gap)가 존재하는 상황에서 생기는 것을 의미한다. (   )이란 이 차이를 메우는 일련의 과정이다.

① 문제해결 – 현재 – 목표   ② 목표 – 현재 – 문제해결

③ 현재 – 목표 – 문제해결   ④ 현재 – 목표 – 문제정의

⑤ 문제정의 – 문제분석 – 문제해결

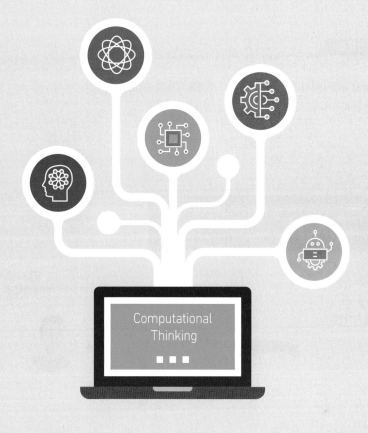

Computational
Thinking

CHAPTER 3

공통의 패턴을 찾으면
문제 해결이 쉬워져

1. 컴퓨팅 사고력의 하위요소인 패턴인식의 개념을 이해할 수 있다.
2. 다양한 문제에서 패턴을 찾아 프로그램을 설계할 수 있다.

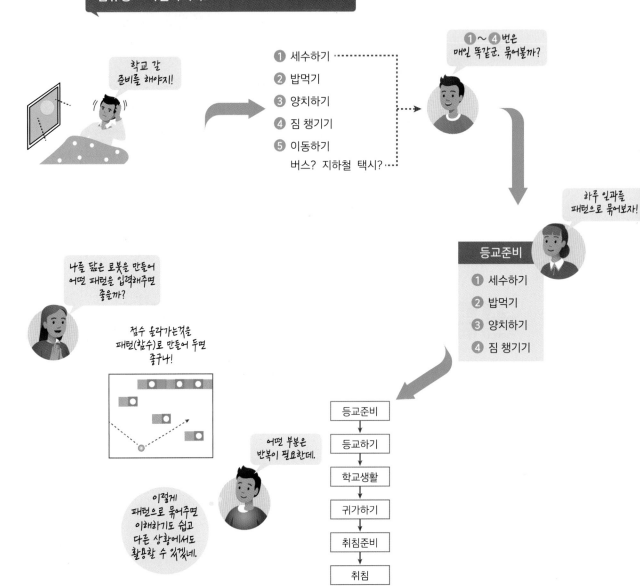

개념 이해

3.1 패턴의 개념

패턴은 우리의 다양한 생활의 모습에서도 살펴볼 수 있다. 아침에 일어나서 세수를 하고, 옷을 입고, 밥을 먹고 집을 나서는 아침의 일상이 매일 반복되는 것과 같이 우리의 일상에서도 많은 패턴을 찾을 수 있다. 패턴이라는 것은 어떠한 것들이 반복적이고 규칙적으로 나타나는 것을 말한다. 이러한 패턴의 개념을 활용하여 컴퓨팅을 통해 예술의 영역이 넓어지고 있는데, 과학과 예술의 만남으로 코딩을 하는 예술가의 사례를 한번 살펴보자.

사례1. R. 루크 드브와-데이터로 예술 작품을 제작
(50만통의 메일과 지역별 검색 데이터를 이용)

사례2. 컴퓨터로 작곡

컴퓨팅을 통해 어떻게 예술 작품을 만드는지에 대해서 생각해 보면, 첫 번째 사례는 20년 간 보낸 50만 통의 지역별 검색 데이터의 패턴을 화면에 표시하여 그 자체가 예술작품으로 만들어졌다. 두 번째 사례는 음악을 연주하기 위해 악기가 아닌 컴퓨터를 활용하는 태슷 그룹의 예이다. 음악가들은 연주를 위해서 특별한 악기를 사용하는데, 바로 컴퓨터가 악기가 되고, 프로그래밍을 통해 연주를 하면서 그 연주에 어울리는 그래픽을 화면에 보여줌으로써 미디어 아트를 탄생시킨 예이다. 이러한 예술가의 사례들을 통해 프로그래밍을 할 줄 안다면 누구나 새로운 아이디어와 결합하여 멋진 작품을 만들 수 있다는 것을 알 수 있다. 여기서 중요한 점은 바로 이러한 작품을 만들기 위해서 패턴을 활용한다는 점이다. 이제 패턴이 무엇이고 패턴을 어떻게 발견하고 활용하는지에 대해서 살펴보자.

우리는 이미 많은 문제들을 해결하는 과정에서 패턴을 찾고 활용하는 방법을 익혀왔다. 가우스의 덧셈을 예로 들어보자.

1부터 100까지의 정수를 더하는 문제를 생각해 보자.

$$1 + 2 + 3 + \cdots + 98 + 99 + 100$$

자, 이 문제를 일반적인 방식으로 풀어본다면 사칙연산 중에서 덧셈이 가지는 일반적 특징은 바로 앞에서부터 순서대로 차례차례 수를 더하는 방법을 생각할 것이다. 그렇다면 1과 2를 더해서 3, 여기서 다시 3을 더해서 6, 여기서 다시 4를 더해서 10이 된다. 이런 방식으로 수를 추가하여 하나씩 더해가는 방식으로 문제를 해결할 수 있다.

$$
\begin{aligned}
1 + 2 &= 3 \\
+\ 3 &= 6 \\
+\ 4 &= 10
\end{aligned}
$$

그러나 이 문제를 더욱 효율적으로 해결하기 위해서는 무엇을 생각할 수 있을까? 먼저 문제를 분해해서 수가 가지고 있는 속성을 살펴보고, 규칙을 통해서 패턴을 찾아낼 수가 있다. 여기서의 수는 자연수를 말하므로 자연수는 1씩 증가하는 속성을 가진다. 이 수들이 1부터 100까지 놓여있으므로 수들을 모두 합한다는 것의 규칙을 찾아낼 수 있다.

처음 수인 1과 마지막 수인 100을 더하면 101이 되고, 두 번째 수인 2와 뒤에서 두 번째 수인 99를 더하면 101, 세 번째 수인 3과 뒤에서 세 번째 수인 98을 더하면 101이 된다는 규칙성을 발견하게 된다. 같은 방식으로 더했을 때 101이 되는 짝이 50개가 된다는 것을 알 수 있다.

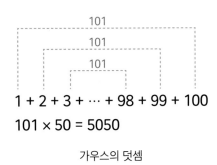

가우스의 덧셈

이 원리를 발견한 사람의 이름을 따서 이를 가우스의 덧셈법이라고 한다.

이렇게 문제를 효율적으로 해결하기 위해서 속성을 탐색하고, 이를 바탕으로 규칙을 찾는 것이 바로 패턴의 발견이다. 패턴을 발견하게 되면, 1부터 100이 아니라, 1부터 1000, 1부터 10000 등의 큰 수의 합을 구할 때에도 이를 활용하여 문제를 효율적으로 해결할 수 있다.

이러한 패턴의 발견을 통한 패턴의 활용은 수학적 문제해결 또는 어떤 특정한 분야에 국한되는 것이 아니고 다양한 분야에서 활용될 수 있다. 더욱이 컴퓨팅에서는 프로그램을 작성할 때에 패턴을 찾고 이를 활용한다면 빠르고 정확하고 효과적으로 문제를 해결할 수 있다.

3.2 패턴의 방법

패턴을 찾는 방법에 대해서 알아보자.

패턴은 반복되는 규칙성을 의미하므로, 패턴을 찾는 첫 번째 방법은 규칙성을 찾는 것이다. 다음 문제를 통해서 규칙 발견을 통한 패턴 찾기를 연습해 보자. 우리가 일상에서 다양한 무늬의 규칙을 볼 수 있듯이, 가랜더를 만드는 경우를 생각해 보자.

아래와 같은 가렌드에서 패턴을 찾아 본다면 파란무늬, 핑크무늬, 초록무늬의 순으로 이루어져있다는 것을 알 수 있다. 따라서 이 가렌드 다음에 올 깃발은 파랑(Blue), 핑크(Pink), 초록(Green)의 순이라는 것을 예상할 수 있다. 이러한 패턴을 간단하게 약자로 표현한다면 BPGBPGBPG으로 표현할 수 있고, 이것이 3번 반복되므로 더 간단하게 3[BPG] 등으로 표현할 수도 있다.

가렌더 패턴

이것이 바로 프로그램에서의 명령어가 되는 것이다. 이렇게 규칙의 발견을 통해시 패턴을 찾을 수 있다.

두 번째로 패턴을 찾는 방법은 대상간의 공통점을 인식하는 것이다.

다음 문제를 통해 공통점을 찾아 패턴을 인식해 보자. 다음의 6가지 대상의 공통점을 찾기 위해서는 각 대상들이 가진 속성을 자세히 관찰하고 살펴보는 것이 필요하다. 팽이, 바퀴, 바람개비, 선풍기, 지구, 돌림판의 각 대상의 속성을 생각해보자. 외형적인 것 뿐 아니라 각 대상이 하는 기능을 포함하여 속성을 살펴보는 것이 필요하다. 다음 대상들이 공통적으로 가지고 있는 것은 무엇일까?

공통된 패턴 찾기

우선적으로 각 대상들의 외형에서 공통점을 찾아본다면 원이 포함되어 있다는 것을 찾아낼 수도 있다. 이에 더해 각 대상이 가진 기능적인 속성을 고려한다면 각 대상들의 공통점은 회전을 한다 혹은 축을 중심으로 돌아간다는 것을 발견할 수 있다. 팽이의 기능, 바퀴의 기능, 바람개비의 기능, 선풍기 날개의 기능, 지구의 자전과 공전, 돌림판의 기능을 생각해 본다면 이 6개의 대상들은 축을 가지고 돌아간다는 공통점을 발견할 수 있다. 이렇게 대상들의 공통적인 속성을 발견하여 패턴을 찾아낼 수 있다.

세 번째로 패턴을 찾는 방법은 대상 간의 유사성을 인식하는 것이다.

제시된 옷과 비슷한 유형의 옷을 추천해주는 프로그램이 있다면, 그 옷의 여러 가지 특징 중에서 유사한 패턴을 찾아야 할 것이다. 예를 들어, 그림과 같은 옷에 대한 패턴은 짧은 소매, 깊은 목 파임, 원피스, 작은 패턴의 꽃(나뭇잎)무늬, 무릎 기장 등의 요소들의 유사성을 파악함으로써 다양한 문제 상황의 패턴을 찾아 문제 해결에 도움을 제공할 수 있다.

이 경우는 두 개의 대상의 속성이 완전히 일치하지는 않으나 유사한 속성을 가지므로, 이러한 유사성을 찾아낸다면 이를 패턴을 찾는데 적용될 수 있다.

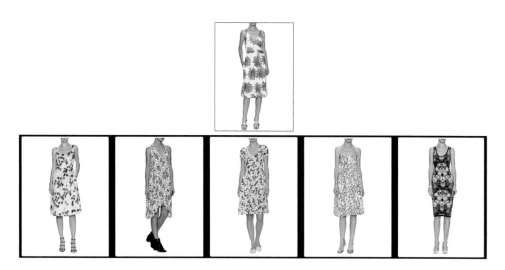

유사성을 이용한 패턴 인식

정리해 보면, 패턴은 반복된 규칙성 뿐 아니라 공통성, 유사성을 통해서도 찾아낼 수 있다. 즉 패턴을 찾는 경우는 한 문제의 내부에서 같은 일이 여러 번 반복되는 반복되는 규칙을 분석하여 발견할 수도 있고, 또는 그 문제 상황과 객체들 간의 규칙을 찾는 것 즉, 공통점을 찾거나 유사성을 발견하여 찾아낼 수 있다. 물론 패턴을 잘 찾아내기 위해서는 앞서 다루었던 문제분해를 통해서 분해된 작은 문제 사이의 속성을 탐색하는 과정이 필요하다.

패턴 인식이 성공적으로 이루어지면 효율적으로 문제를 해결할 수 있는데, 첫 번째는 패턴을 통해서 그 다음의 상황에 대한 추측이 가능하므로 문제해결과정이 쉽고 단순해진다. 컴퓨팅에서는 찾아낸 패턴을 반복 구조나 함수로 구현하여 효율적으로 문제를 해결하는 데 활용한다. 두 번째는 패턴을 통해서 규칙을 만들어내면 동일한 방식의 문제해결이 필요할 때에 패턴을 활용할 수 있다. 이렇게 우리가 패턴을 더 많은 찾아낼 수 있다면 문제 해결의 속도는 더 쉽고 빠르게 될 것이다.

3.3 패턴인식의 사례

패턴인식은 컴퓨팅 분야에서 뿐 아니라 이미 우리의 실제 생활 더 나아가 다양한 학문 영역에서 활용하고 있다. 그 중에서 몇 가지의 사례를 살펴보기로 하자.

수학에서의 패터인식의 사례는 수없이 많다. 수학자들은 일반화된 수학적 규칙을 발견하여 이를 공식, 원리로 발전시켜 왔다. 수학이라는 학문 자체는 상징 체계를 통해서 규칙성을 발견하고 이를 적용하는 그 자체라고 할 수 있다.

다음의 간단한 문제를 통해 수의 나열에서 패턴을 찾아보자. 3,6,9,12,15라는 수가 나열되어 있을 때 그 뒤에 오는 수는 무엇이 되어야 할까? 이 문제를 풀기 위해서는 수 사이의 관계에 대한 패턴을 찾아야 한다. 즉, 3씩 커지는 패턴을 찾는다면 n이 18이라는 것을 알 수 있다.

3, 6, 9, 12, 15, n

1,3,5,7,9,11이 나열되어 있다면 그 뒤에 오는 수는 무엇이 되어야 할까? 이 문제도 마찬가지로 놓여진 수 사이의 관계에 대한 패턴을 찾아야 한다. 즉, 2씩 커지는 패턴을 찾는다면 n은 13이라는 것을 알 수 있다.

1, 3, 5, 7, 9, 11, n

1,1,2,3,5,8,13이 나열되어 있다면 그 뒤에 오는 수는 무엇이 되어야 할까? 이 문제는 놓여진 수 사이의 관계를 파악할 때는 한 개의 수끼리를 비교하는 것이 아니라 그 이전의 수의 관계까지를 파악해야 하므로 패턴을 찾기가 어려워진다.

1 1 2 3 5 8 13, …

이 수열을 발견한 사람은 레오나르도 피보나치로 토끼 수의 증가에 대해서 이야기 하면서 수열을 완성하였다. n 번째 달의 토끼 수를 세는데 첫 달에는 새로 태어난 토끼 한 쌍이 존재하고, 두 달 이상이 된 토끼는 번식이 가능하여, 매달 새끼 한 쌍을 낳는다는 것을 전제로 피보나치 수열이 만들어졌다. 따라서 1 다음에 오는 수는 1이고, 그 다음수는 이전의 두 수를 합한 2가 되고, 그 다음수는 이전의 두 수를 합한 3이 되고, 그 다음수는 이전의 두 수를 합한 5가 되고, 그 다음수는 이전의 두 수를 더한 8이 되고, 그 다음수는 이전의 두 수를 더한 13이 된다. 그렇다면 그 다음에 오는 수는 무엇이 되어야 할까? 바로 이전의 두 수를 더한 21이 되어야 한다. 다음 그림은 피보나치 수열을 이용한 사각형 채우기 그림이다.

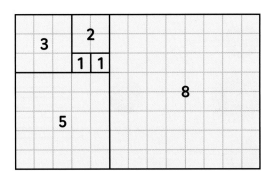

피보나치 수열

이렇듯 수학에서는 수 사이의 관계를 찾아내는 것 자체가 패턴이 되고, 이를 공식과 원리로 만들어낸다. 숫자들의 짝수와 홀수의 패턴, 연산기호를 통해 사칙연산의 계산의 패턴, 기하학에서의 각 도형들의 변과 각의 특징을 분석하여 이를 공식화하는 것들이 모두 패턴을 인식한 사례이다.

즉, 자연 현상에서 일어나는 여러 가지 것들을 분석하여 수식을 만들고 함수를 만들어 내는 것 자체가 바로 패턴을 인식하는 것에서부터 시작된다고 할 수 있다. 여전히 패턴을 발견하지 못한 원주율과 소수에 대해서도 수학자들의 연구가 진행되고 있다.

천문학에서의 패턴인식의 사례를 살펴보자. 천문학은 별이나 행성, 은하와 같은 천체와, 지구 대기의 바깥쪽으로부터 비롯된 현상을 연구하는 자연 과학의 한 분야이다. 특히 천문학은 관측적 데이터를 바탕으로 이를 논리적으로 설명하고 천문 현상을 물리학 이론을 이용하여 예측하는 학문이다. 데이터에 기반하여 이를 논리적으로 설명하기 위해서는 데이터 간의 규칙성을 바탕으로 패턴을 찾고 이를 근거로 추론을 통해 예측을 해야하므로 패턴을 인식하는 것은 매우 중요한 부분이 된다.

천문학 영역에서 우리가 가장 잘 알고 있는 지구의 공전과 자전 주기를 생각해 보자. 지구가 태양을 도는 주기인 공전 주기를 바탕으로 1년이 만들어지고, 지구의 자전 주기를 바탕으로 하루가 만들어진다. 이를 근거로 달력이 만들어졌다.

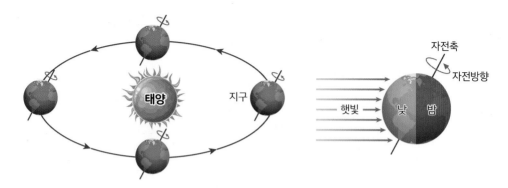

지구의 공전과 자전의 패턴발견

그런데 지구의 태양을 도는 공전 주기는 약 365.242일이다. 우리는 실제 1년을 365일로 정하여 달력을 만들어서 사용하고 있다. 그러나 실제로는 공전주기와 달력으로 사용하는 365일이 1년마다 5시간 48분 46초가 남아서 결국 지구의 공전주기와 달력이 맞지 않게 되는 일이 발생하게 되었다. 그래서 4년에 한번 씩은 윤년을 두어 1년을 366일로 만들어서 사용한다. 그래서 윤년에는 2월이 29일까지 있는 것이다. 덧붙이자면, 달력상의 1년은 평균 365.25일이 돼서 실제 태양년보다 커지게 되는 일이 발생하므로 100년에 한번씩은 윤년을 없애서 100년에 24번의 윤년을 넣는다. 그

지구의 공전과 자전의 패턴에 의한 달력

러면 1년은 365.24일로 365.2422일에 매우 가까워지지만, 여전히 0.0022일은 차이가 난다. 그래서 또 400년마다 1번은 다시 윤년을 넣어서 결국은 400년에 97번의 윤년을 넣어서 달력을 만든다.

이렇듯 천문학에서 지구의 공전주기 하나만을 보더라도 패턴을 찾고 이를 바탕으로 정확한 달력을 만들기 위해서 많은 노력을 기울이고 있는 것을 알 수 있다. 이러한 문제해결의 바탕이 바로 패턴을 인식하는 것에서부터 출발한다.

이 밖에도 유전공학자들은 어떤 질병에 대한 원인을 찾기 위해 유전자에서 패턴을 찾아서 질병을 진단하고, 치료 방법을 개발한다. 또한, 통계학자들은 스포츠 경기, 날씨, 주식 시장 등의 결과를 예측하기 위해 빅데이터를 분석하여 패턴을 찾고 이를 바탕으로 추론과 예측결과를 내놓는다.

컴퓨팅에서 실제 프로그램을 짜는 과정에서 패턴은 코드의 반복 혹은 함수의 형태로 나타난다. 프로그래밍에서 동일한 동작이 반복적으로 나타난다면, 이 때 나타나는 동일한 코드는 반복구조를 사용하여 쉽게 나타낼 수 있다.

아래 그림의 예를 통해 반복구조를 알아보자. 팩맨 캐릭터가 체리까지 가려고 한다. 우선, 가는 길을 선으로 그려보고 이를 실행하기 위해 명령어(코드)를 순서대로 생각해 본다. 그리고 반복되는 구간이 어디인지를 찾아낸다. 그럼 반복되는 코드가 무엇이고, 몇 번을 반복해야하는지를 알 수 있다.

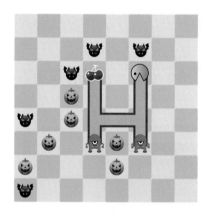

오른쪽으로 회전
앞으로 이동
앞으로 이동
오른쪽으로 회전
앞으로 이동
앞으로 이동
오른쪽으로 회전
앞으로 이동
앞으로 이동

3번 반복하기
  오른쪽으로 이동
  앞으로 이동
  앞으로 이동

코드에서의 반복패턴 찾기

반복되는 코드는 '오른쪽으로 회전, 앞으로 이동, 앞으로 이동'의 이 3개의 코드이다. 이렇게 이 3개의 코드가 반복되는 반복구조를 찾고, 3번 반복하도록 해주는 명령을 사용하여 코드를 짜면 코드의 개수가 줄고 쉽게 패턴을 인식할 수 있다.

또 다른 예를 들어보자. 아래 그림은 Lightbot에서 나오는 문제로 로봇이 길을 따라 가면서 불을 끄는 미션을 해결하는 문제이다. 이 문제에서도 마찬가지로 지도를 보고 로봇이 가야하는 길을 보고, 이동을 위한 코드를 순차적으로 적어본다. 그리고 반복되는 코드를 찾아본다.

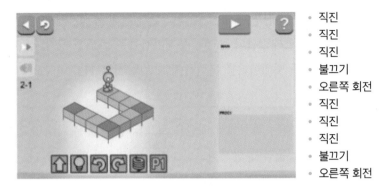

- 직진
- 직진
- 직진
- 불끄기
- 오른쪽 회전
- 직진
- 직진
- 직진
- 불끄기
- 오른쪽 회전

코드에서의 반복패턴 찾기

출처: lightbot.com

이렇게 '직진, 직진, 직진, 불끄기, 오른쪽 회전'의 코드가 반복되는 코드임을 찾을 수 있다. 그리고 이 코드의 묶음이 3번이 반복되는 구조임을 찾을 수 있다. 그렇다면 이 반복되는 코드의 묶음을 P1이라는 함수로 정하고, 이 P1 이라는 함수를 3번을 호출하면 프로그램이 완성이 된다. 여기서 함수는 반복되는 패턴을 찾음으로서 만들어지는 코드의 묶음이라고 할 수 있다.

그럼 아래와 같이 반복되는 코드를 P1 이라는 함수로 이름 짓고, 메인에서는 이 함수를 3번을 호출하여 문제를 해결할 수 있다.

함수를 이용한 반복패턴 구현

출처: lightbot.com

따라서 반복되는 동작이 있다면 반복되는 명령어들을 찾아내어, 반복 구조로 만들면 동일한 코드를 활용하여 프로그램을 간단하고 쉽게 만들 수 있다. 또한 코드의 묶음인 함수를 이용하여 이미 작성된 코드를 재사용할 수 있다. 즉, 패턴을 발견하면 동일한 결과를 더 간단한 코드로 만들 수 있는 것이다.

또한, 패턴을 인식하면 유사한 문제 상황에 맞닥았을 때 이를 적용하여 문제 해결책을 보다 쉽게 찾아낼 수 있다. 따라서, 유사한 문제해결에 쉽게 적용을 할 수 있기 때문에 문제 해결의 효율성이 높아진다. 예를 들어, 화장실 사용 안내 문제를 생각해 보자. 공중화장실을 이용할 때 화장실의 어느 칸이 사용 중인지 화장실 입구에서 알기 어려운 경험들을 해보았을 것이다. 화장실 어느 칸이 사용 중인지를 입구에서 확인을 쉽게 한다면 화장실 이용이 보다 편리해질 것이다. 이를 해결하기 위해 화장실 빈자리 안내 시스템을 먼저 개발했다고 한다면 이를 자동차 주차 시스템 안내나 도서관 자리 안내 시스템, 카페의 자리 안내 시스템과 같은 문제에도 활용할 수 있다.

화장실 안내 시스템

자동차를 주차하기 위해서 주차장 입구에서 어느 위치가 비어있는지를 확인할 수 있다면, 주차를 위해서 주차장을 헤매지 않고도 쉽게 비어있는 주차 위치를 찾을 수 있을 것이다. 또한, 도서관 열람 자리를 찾기 위해서도 도서관에 비어있는 위치를 입구에서부터 확인할 수 있다면 도서관 내부를 돌아다니지 않고도 비어있는 자리를 쉽게 찾을 수 있다.

주차장 자리 안내

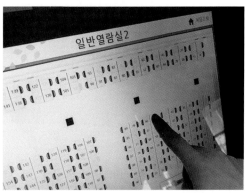

열람실 자리 안내

반복 패턴을 찾아요!

■ 캐릭터를 움직여서 "해바라기"가 있는 곳까지 갈 수 있도록 움직임의 반복 패턴을 찾을 수 있다.

1. 시작점에서 도착지점까지 길을 따라가도록 할 때, 오른쪽과 같이 주어진 명령어만을 이용할 수 있다. 2. 반복 명령어 블럭을 사용하여 최소한의 명령으로 도착지점까지 가도록 패턴을 찾아 명령어 순서를 쓰시오.	

반복 3번 　　　오른쪽으로 회전 　　　_____ 　　　_____	반복 ___번 　　　_____ 　　　_____

무늬 만들기

■ 아래 내용과 주어진 소스코드를 참고하여 빈칸에 알맞은 내용을 적고 주어진 조건에 맞게 구현하시오.

[문제 이해]

반복 구조를 이해하여 선을 이용한 다양한 도형과 꽃무늬를 만들어 봅시다.

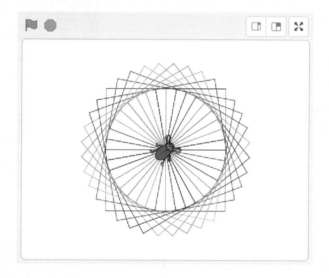

목표상태	도형을 반복해서 그려 여러 가지 무늬를 만드는 프로그램

[문제분해] 프로그램에서 사용되는 구성요소

그림을 그리는 곤충, 선그리기

[패턴인식] 조건 파악하기

1. 사각형을 그린다.
2. 시작 중심을 10도 간격으로 회전하며 사각형을 반복하여 그린다.

[추상화] 핵심요소(변수)와 간단히 표현하기

필요 변수	추상화
없음	• 사각형: 앞으로 가기, 90도 돌기를 4회 반복 • 360 ÷ 10 = 36, 36회 회전

[알고리즘] "곤충" 의사코드

선그리기 시작
36번 반복하기
    4번 반복하기
        앞으로 이동하기
        90도 회전하기
    10도 회전하기

[자동화] 제공 소스 코드

프로그래밍 해보기

화면 초기화
• 중앙에 두기
• 선그리기 준비

사각형 그리기
• 100만큼의 선분
• 외각이 90도

사각형 36번 반복하여 그리기
- 1개의 사각형을 그리고 선 색 바꾸기
- 10도 회전하기

[과제 안내]

1. 위 링크를 통해 스크래치 프로젝트 파일을 여시오.

2. 주어진 조건(패턴인식)을 모두 구현하시오.

3. 숫자와 블럭 등을 수정하거나 추가하여 나만의 무늬(별, 꽃)로 바꾸어 보시오.

추가 아이디어:

디버깅

별을 피해라

■ 하늘에서 별이 떨어집니다. 키보드의 왼쪽, 오른쪽, 왼쪽 화살표 키를 누르면 별을 피하도록 게임을 완성하시오.

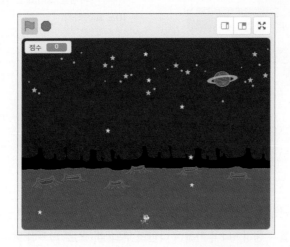

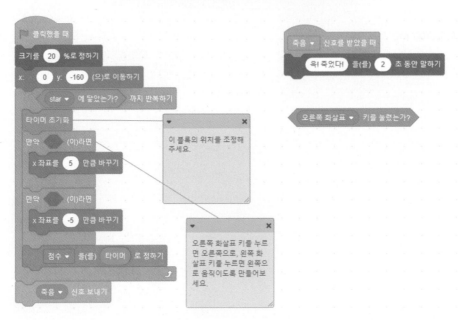

1. 패턴 인식에 대한 설명으로 알맞지 않는 것은?

   ① 패턴은 반복되는 동일한 규칙성을 가진다.

   ② 패턴을 활용하면 문제 해결이 보다 효율적이다.

   ③ 패턴인식은 부분 문제들 중에서 유사성을 찾는 것을 포함한다.

   ④ 패턴을 찾기 위해서는 대상들 간의 공통성을 찾는 것을 포함한다.

   ⑤ 패턴을 인식하여도 이후에 나오는 유사한 문제들에는 활용할 수 없다.

2. 컴퓨팅에서 패턴을 활용하는 것에 대한 설명이 아닌 것은?

   ① 컴퓨팅에서 패턴은 반복되는 규칙을 찾는 것이다.

   ② 패턴을 찾으면 반복구조를 활용하여 코드를 줄일 수 있다.

   ③ 동일한 코드가 반복적으로 필요할 때 패턴을 활용할 수 있다.

   ④ 패턴을 찾으면 동일한 결과를 더 복잡한 코드로 수정할 수 있다.

   ⑤ 코드의 묶음인 함수를 이용하면 작성된 코드를 재사용할 수 있다.

3. 다음은 캐릭터(왼쪽아래)가 해바라기(오른쪽위)에 도착하기 위해 아래와 같은 명령을 사용할 때 (   )안에 알맞은 것은? (식충식물은 피하기)

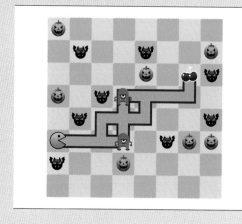

```
(      )번 반복하기
    앞으로 가기
    앞으로 가기
    (      )쪽으로 돌기
    앞으로 가기
    (      )쪽으로 돌기
```

   ① 2, 오른쪽, 왼쪽   ② 2, 왼쪽, 오른쪽   ③ 3, 왼쪽, 왼쪽

   ④ 3, 왼쪽, 오른쪽   ⑤ 3, 오른쪽, 왼쪽

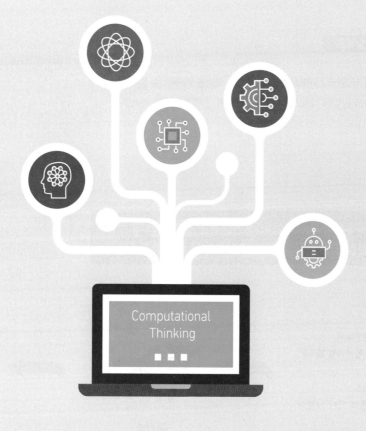

Computational
Thinking
. . .

CHAPTER 4

핵심요소를 찾아서
단순하게 추상화하자

1. 컴퓨팅 사고력의 하위요소인 추상화의 개념을 이해할 수 있다.
2. 추상화의 방법에 대해서 이해하고 실생활 문제에 적용할 수 있다.

컴퓨팅에서 추상화는 자동화와 연결하는 것이 중요해.
어떤 부분을 자동화할 수 있는지 찾아보고 추상화하 하자.

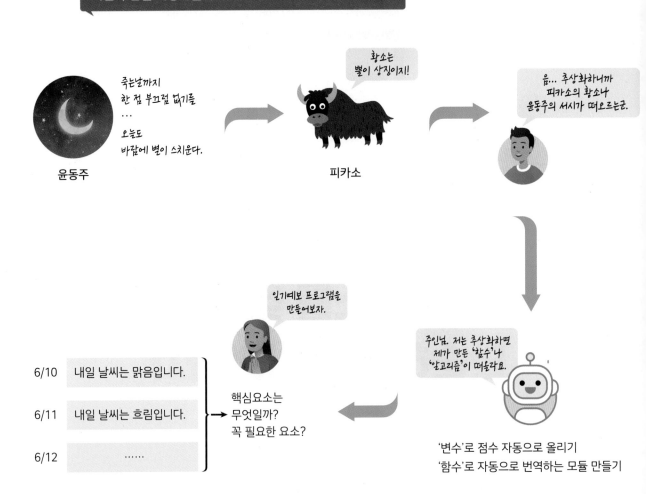

개념 이해

4.1 추상화의 개념

추상화라고 하면 미술시간에 배웠던 추상화의 그림들을 떠올릴 수 있다. 피카소가 그린 '황소'라는 작품은 대표적인 추상화이다. 처음에는 이렇게 소를 관찰하여 자세하게 그렸다. 소의 실제 모습에 가까운 그림에서 출발하여 소의 특징적인 부분들을 잘 뽑아내서 최종적으로는 머리 다리가 네 개인 다리 모양을 가진 피카소의 추상화 작품이 완성되었다.

피카소는 그릴 대상의 핵심적인 부분으로 소의 꼬리, 뿔, 머리와 몸통 다리 4개만을 남겨두고 모두 삭제하였다. 미술 분야의 추상화는 대상을 단순화하여 핵심적인 부분을 남겨 표현한 그림의 의미이다. 하지만, 컴퓨터에서의 추상화는 미술 분야에서의 추상화와는 다른 의미가 있다.

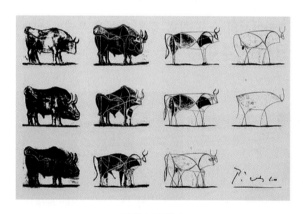

피카소의 황소

예를 들어 머신러닝이 어떤 그림인지 맞추는 프로그램이 있다. 답을 잘 맞히도록 하려면 해당 단어를 보편적으로 가장 잘 드러나게 할 수 있는 그림으로 그려주어야 한다. 즉, 머신러닝은 해당 단어가 의미하는 핵심적인 부분을 잘 살려서 그려줘야 무엇인지 추론해 낼수 있다. 머신러닝은 특정 단어에 대해 그려진 수많은 이미지 데이터에 사용된 선의 굴곡, 방향, 위치 등의 여러 요소들을 세부적으로 나누어 패턴을 분석함으로써 결과를 예측한다. 이와 같이 일상생활에서의 추상화와 컴퓨팅 분야에서의 추상화는 공통된 의미를 가지고 있으나 차이가 있다. 컴퓨터에서의 추상화는 자동화하기 위한 필수 요소를 찾아내야 하기 때문이다.

Google의 신경망 기반 이미지 인식 프로그램: 퀵드로우, Quick Draw (https://quickdraw.withgoogle.com/)

우리 일상생활이나 다른 학문에서도 추상화는 다양하게 적용되고 있다. 먼저 수학에서는 여러 가지 도형들을 추상화의 예로 들 수 있다. 자연에는 나뭇잎, 나무, 바위 등의 다양한 모양을 한 자연물이 있다. 이렇게 자연은 다양한 형태를 가지고 있지만 수학에서는 이런 자연물들의 모양에서 패턴을 찾고 이를 일반화하여 원, 사각형, 삼각형 등의 기본도형으로 추상화하였다. 또한 수학에서의 숫자 기호 등을 통해서 우리가 셈을 하거나 무언가를 측정 하거나 계산할 때 사용하는 수식들도 모두 실세계를 간단하게 추상화 한 것이다.

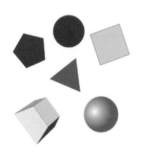 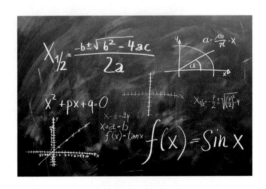

도형에 의한 추상화   수식에 의한 추상화

다른 예로 비행 시뮬레이션은 실제로 하늘을 나는 건 아니지만 실제 비행하는 것과 비슷한 효과를 나타내기 위해서 실제 있는 여러 핵심적인 부분들을 모델링 한 것이다. 즉 실제의 작동원리를 모방해서 구현하여 재현한 것을 시뮬레이션이라고 한다. 실제 비행기의 비행 상황을 비슷하게 보여주고 작동하도록 하지만 모든 것을 다 실제 상황과 같이 구현하기 어려울 것이다. 그럴 경우 보편적인 비행 상황이나 비행기의 작동 기능 등의 중요한 요

소들만 추출해서 모방해야 한다.

또한 과학에서는 복잡한 자연 현상을 설명하기 위해 간단히 표현할 필요가 있다. 예를 들어 생태계 피라미드와 같이 복잡한 자연 현상을 핵심적인 흐름을 바탕으로 생산자와 소비자들 간의 관계를 계층적으로 표현할 수 있다. 이와 같이 과학에서도 다양한 자연 현상을 설명하기 위해서 추상화의 기법을 사용할 수 있다.

생태계 피라미드

컴퓨터 과학에서는 추상화가 필수적이다. 실제 컴퓨터 내부에서 일어나는 많은 동작들은 눈에 보이지도 않을 뿐더러 매우 복잡한 과정과 절차를 가지고 일어나기 때문이다. 예를 들어, 컴퓨터는 이진수의 값으로 데이터를 표현하고 처리한다. 실제로 컴퓨터 내부에서는 전압의 차이로 인해서 데이터를 표현하는 원리를 사용하지만 이것을 사람에게 나타낼 때는 전압의 차이를 두 단계로 추상화 해서 0과 1이라는 숫자로 표현한다. 또한, 컴퓨터 프로그램은 복잡한 동작의 단위를 하나의 함수로 묶어서 처리하는 방식을 사용하기도 한다. 어떤 변수 x를 입력하면 이미 정의된 함수를 통해 계산하거나 제어함으로써 y의 결과 값을 얻어낸다. 이러한 함수는 특정 계산이나 동작을 반복적으로 사용할 수 있어서 수많은 동일 작업을 자동으로 처리할 수 있도록 한다.

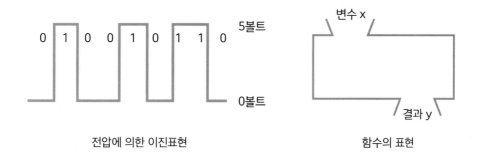

전압에 의한 이진표현   함수의 표현

컴퓨터 과학에서의 추상화는 특히 컴퓨터를 이용해서 처리하는 과정인 즉 자동화(프로그래밍)를 위해서 중요하다. 복잡하고 다양한 변수가 있는 실세계를 단순하게 0과 1로만 처리하는 프로그램으로 표현한다는 것은 쉽지 않은 문제이다. 따라서 이러한 실세계의 복잡한 문제를 단순화시키는 추상화 과정을 거쳐야 자동화를 할 수 있다. 실세계의 문제를 추상화하기 위한 대상은 여러 가지가 있다. 예를 들어 멈추고 시작하고 하는 등의 제어에 대한 '제어 추상화', 데이터들을 어떻게 표현할 것인가에 대한 '데이터 추상화', 특정 기능들을 추출해야하는 '기능 추상화', 어떤 절차로 처리해야 되는지에 대한 '절차 추상화' 등이 있다. 이러한 다양한 상황과 형태들에 대한 단순화 과정을 거쳐야 알고리즘을 설계하고 자동화할 수 있다.

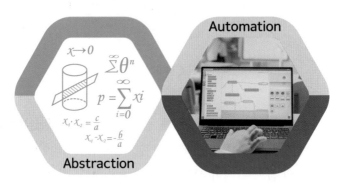

컴퓨팅 사고력의 '추상화'와 '자동화'

컴퓨터 과학에서의 추상화는 넓은 의미의 추상화와 좁은 의미의 추상화의 두 가지 의미를 가지고 있다. 먼저 넓은 의미의 추상화는 문제를 찾고 발굴하는 문제이해부터 알고리즘을 설계하는 전 과정에서 이루어지는 사고과정뿐 아니라 프로그래밍으로 자동화하는 과정에

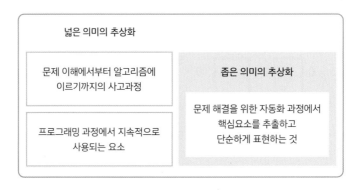

넓은 의미의 추상화와 좁은 의미의 추상화

서도 지속적으로 사용되는 요소를 의미한다. 또한, 좁은 의미의 추상화는 문제해결 해결을 위한 자동화과정에서 핵심요소를 추출하고 단순하게 표현하는 일부의 과정이라고 할 수 있다. 이러한 두가지 개념 중에 본 글에서 설명하는 추상화는 좁은 의미의 추상화이다.

4.2 추상화의 종류

구현하기 전 상위 수준에서 구체적인 프로그램의 설계를 해보는 좁은 의미의 추상화를 위한 추상화의 종류는 절차 추상화, 데이터 추상화, 제어 추상화가 있다. 절차 추상화는 프로그램의 대략적인 수행 흐름을 설계하는 것이다. 데이터 추상화는 구현 시 변수, 리스트, 배열 등의 데이터 구조로 표현될 데이터를 설계하는 것이다. 제어 추상화는 특정 조건이나 규칙에 따른 분기(예, 아니오)를 계획하고 설계하는 것이다.

예를 들어, 사용자의 만나이를 계산해주는 프로그램을 구현에서의 추상화는 다음과 같다. 먼저, 절차 추상화를 통해 프로그램 실행을 위해 사용자가 자신의 생년월일을 입력하면 현재의 날짜를 기준으로 계산된 만나이가 출력되는 과정을 표현할 수 있다. 또한, 데이터 추상화를 통해 프로그램 구현을 위한 생년월일, 현재 년도와 날짜 등의 데이터를 파악하고 그 두 데이터 간의 관계(현재 날짜와 태어난 날짜의 비교, 현재 해-태어난 해 등)를 수식 등으로 표현한다. 마지막으로 제어 추상화를 통해 태어난 날짜가 현재 날짜 이전인지 이후인지에 따라 나이에 1을 더할지 결정해주는 조건문을 만들어 낼 수 있다.

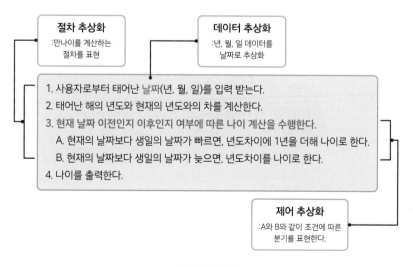

추상화의 종류

4.3 추상화의 방법

컴퓨터 프로그램을 만들기 위해서는 실세계의 복잡한 상황을 단순화시키는 과정이 매우 중요하다. 이러한 추상화를 하기 위해서는 여러 가지 방법을 사용할 수 있다. 중요한 것은 복잡한 문제 안에서 불필요한 것을 제외하고 핵심요소들을 대표할 수 있는 모델을 만드는 것이다. 즉, 실생활에 복잡한 문제를 분해하고 패턴을 통해 문제를 대표하는 하나의 모델을 만드는 것이 추상화 과정이라고 할 수 있다.

추상화의 과정

모델을 만들기 위해서는 먼저, 문제해결과정에서 어떤 데이터가 필요할까에 대해 고려해야 한다. 어떤 데이터를 주고받을 수 있는지, 어떤 데이터를 입력 받아야 되는지, 무엇을 출력해야 하는지, 어떤 데이터 목록으로 작성할 수 있는지 등에 대한 다양한 데이터를 찾아야 한다.

그리고 이렇게 찾은 데이터 간의 패턴들을 알아보기 쉽게 추상화를 한다. 패턴을 추상화하기 위해 수학 공식이나 함수로 만들어낼 수도 있으며, 비교연산을 사용해 표현할 수도 있다. 예를 들어, 에어컨이 작동하기 위한 기준 온도가 23도라고 했을 때 23도 이상이 되면 에어컨이 켜지게 되고 23도 미만으로 내려가면 에어컨이 꺼진다고 표현할 수 있다. 이렇게 기준을 명확하게 표현해 주는 것도 추상화 과정에 포함된다.

데이터   수식   비교

또한, 객체들 간의 관계를 다양한 방법으로 표현하여 추상화를 할 수 있다. 예를 들어 다이어그램을 이용하여 객체간의 관계 혹은 흐름을 표현할 수 있다. 만약 절차나 순서를 가진 앱을 구현하고자 할 경우 어떤 정보가 표현되고 어떤 절차로 상호작용하는지 간단하게 표현하는 것도 추상화의 방법이라고 할 수 있다. 그 외에도 각 프로그램의 특성이나 기능

들에 따라서 다양한 방식으로 추상화할 수 있다.

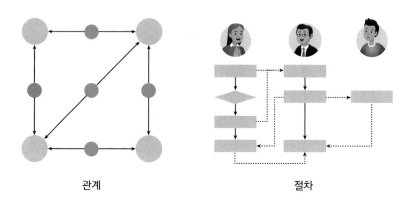

관계   절차

여러 친구들의 관계를 표현한 문장들이 있다. 주연이와 지원이가 서로 친구인지 알아보기 위해서는 친구들 간의 관계를 간단한 그래프로 표현하는 것이 이해하기 쉽다. 오른쪽과 같이 간선과 노드로 이루어진 그래프로 데이터를 표현하면 그 관계를 보다 쉽게 이해할 수 있다. 따라서 주연이와 지원이는 친구가 아니라는 정보를 더 빨리 이해하고 처리할 수 있다.

- 수진이와 주연이는 서로 친구이다.
- 수진이와 준서는 서로 친구이다.
- 수진이와 민준이는 서로 친구이다.
- 준서와 보미는 서로 친구이다.
- 보미와 수환은 서로 친구이다.
- 주연이와 준서는 서로 친구이다.
- 준서와 민준이는 서로 친구이다.
- 지원이와 은아는 서로 친구이다.

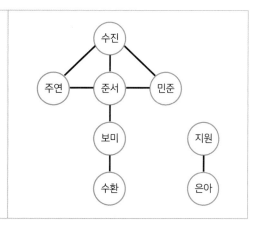

4.4 핵심요소 추출

추상화에서는 핵심요소를 추출하는 것이 매우 중요하다. 로봇 기자에 의해 운동경기 기사를 작성해야한다고 가정해 보자. 로봇은 여러 가지 데이터들을 수집하고 데이터들 간의 관계를 분석한 후에 기사를 쓸 것이다. 예를 들어 다음과 같이 운동경기와 관련된 데이터들을 생각해볼 수 있다. 승리팀, 태클 수, 연장전 시간, 경기가 열린 시간, 후보 선수, 우리나라 선수 출전여부, 경기장소, 경고횟수, 관중, 스코어, 진팀, 감독이름, 심판이름, 대회이름, 오프사이트 횟수, 선제골을 넣은 선수, 감독이름, 감독 나이 등등의 여러 가지 데이터들이 있을 수 있다.

운동경기와 관련된 데이터들

이러한 데이터들 중에서 기사를 쓰려는 목적에 따라 추출해야 하는 데이터가 다를 것이다. 그리고 사람들이 이해하기 쉽게 체계적인 기사를 작성하도록 하기 위해서는 어떤 정보가 핵심이 되는지 파악해서 추출해야한다. 예를 들어, '5월 1일 2시 서울에서 열린 월드컵 대회에서 대한민국 대표팀이 호주 대표팀에 3:2로 승리했다.'라는 형식의 기사를 매 경기마다 동일하게 쓰고 싶다면, 핵심이 되는 데이터는 '경기가 열린 시간', '경기장소', '대회이름', '승리팀', '진팀', '스코어'가 될 것이다. 여러 가지 데이터 중에서 이러한 데이터가 핵심 요소가 되는 것이다. 따라서 다음과 같은 공통된 문장 안에서 핵심요소인 데이터만 바꾸어가면서 기사를 작성할 수 있다.

핵심요소를 가진 문장 모델

이와 같이 핵심요소를 가진 문장 모델을 만들고 다양한 문장을 만들 수 있다. 다음 제시된 세 개의 문장에서 공통된 부분을 찾아 오른쪽과 같이 모델을 만들 수 있다. 이 문장 모델에서의 핵심요소는 '①대상'과 '②행동'이 될 것이다.

문장 모델 추출하기

이러한 ①과 ②에 들어갈 적당한 단어 데이터들이 다음 표와 같을 때, 주사위 3이 나오고 주사위 4가 나왔다면 '나는 강아지와 호수를 돌았다'라는 문장이 만들어 질 수 있다.

구분	주사위 1	주사위 2	주사위 3	주사위 4	주사위 5	주사위 6
①	첫사랑	옆 친구	강아지	뽀로로	연예인	꼬마
②	영화를 봤	학식을 먹었	PC방을 갔	호수를 돌았	눈이 마주쳤	춤을 추었

데이터 예시

자동 문장만들기

1. 다음 문장들의 공통점(글자)을 찾아 모델 문장을 아래 칸에 만들어 보시오.

나영이는 매일 시험공부를 했는데 B를 맞았다. 혜원이는 1분동안 시험공부를 했는데 4.5점이 나왔다. 민아는 지난주부터 시험공부를 했는데 다 틀렸다.
모델 문장:

2. 빈칸에 어울리는 다양한 단어(서술어)를 아래 빈칸에 쓰시오.

	주사위 1	주사위 2	주사위 3	주사위 4	주사위 5	주사위 6
①	나					
②	밤을 새서	당일 쉬는 시간	매일 4시간씩			
③	A학점을 받았다	F를 맞았다	교수님한테 혼났다	이름을 안 써서 냈다		

3. 순서대로 주사위를 굴려 나온 숫자에 해당하는 단어를 넣어 문장을 완성하여 쓰시오.

물체를 감지하는 가로등

■ 주변에 아무도 없는데도 밤새도록 켜져 있는 가로등은 에너지 낭비일 수 있다. 한적한 도로에서는 주변에 물체가 있으면 켜지고 물체가 없으면 꺼지는 가로등이 필요하다.

목표상태	가로등이 빛의 밝기와 물체를 인식하여 효율적으로 켜지고 꺼지도록 한다.

[문제분해] 프로그램에서 사용되는 구성요소

- 주변의 물체를 인식
- 가로등 빛의 끄고 켜짐
- 움직이는 물체

[패턴인식] 조건 파악하기

• 가로등 주변 일정한 범위에 들어올 때만 불을 켬

[추상화] 핵심요소(변수)와 간단히 표현하기

핵심요소	추상화
가로등과 물체의 거리, 가로등 불빛	정해진 범위 안에 물체를 인식하면 가로등 on 그렇지 않으면 off

[알고리즘] 주요 의사코드

무한반복
   만약 물체가 정해진 범위 안에 있다면
      Yes 가로등 on
      No 가로등 off

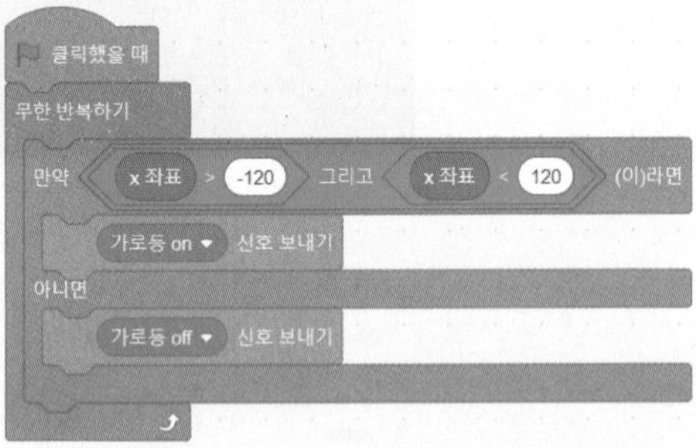

[자동화] 프로그래밍 해보기

물체 움직이기

- 왼쪽 화살표를 누르면 왼쪽으로 이동
- 오른쪽 화살표를 누르면 오른쪽으로 이동

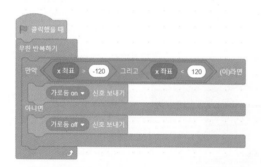

물체 인식

- 만약 물체의 X좌표가 -120~+120 사이에 있
  다면
  Yes, 가로등 on 신호보내기
  No, 가로등 off 신호보내기

가로등 불빛 켜고 끄기

- 가로등 on 신호 받으면
  불빛 보이기
- 가로등 off 신호 받으면
  불빛 숨기기

문제 맞히기, 변수

■ 문제를 내고 맞히는 프로그램을 만들려고 합니다. 현재는 정답을 체크해 주지 않습니다. 맞힐 경우와 틀릴 경우 다른 말을 하도록 만드시오.

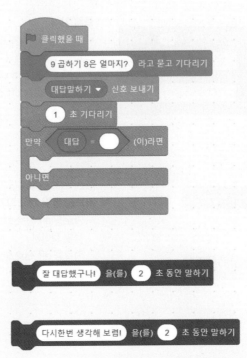

1. **다음 중 추상화에 대한 설명 중 잘못된 것은?**

   ① 복잡한 문제 안에서 불필요한 것은 제외한 모델을 만들어야 한다.

   ② 좁은 의미의 추상화는 핵심요소를 구체적으로 추출하는 것이다.

   ③ 넓은 의미의 추상화는 문제를 설계하는 전 과정에 사용되는 요소이다.

   ④ 모델을 만들기 위해서는 문제 해결을 위해 필요한 데이터를 고려한다.

   ⑤ 실세계를 현상 그대로 자세히 표현할수록 컴퓨터에서 처리하기 유용하다.

2. **다양한 분야에서의 추상화에 대한 설명으로 적절하지 않은 것은?**

   ① 비행 시뮬레이션도 실제 비행 상황을 추상화하여 구현한 것이다.

   ② 생태계 피라미드는 자연의 복잡한 생태계를 단순하게 표현한 것이다.

   ③ 컴퓨터 과학은 매우 단순하기 때문에 추상화 기법을 한정적으로 적용한다.

   ④ 수학에서는 자연의 다양한 현상이나 형상을 수식이나 도형으로 추상화한다.

   ⑤ 추상화 기법을 이용해 실제의 모습의 핵심적인 부분만 단순하게 그리기도 한다.

3. **다음 중 추상화의 방법에 대해 잘못 설명한 것은?**

   ① 어떤 절차나 순서로 상호작용하는지 표현한다.

   ② 문제 해결을 위해 필요한 데이터가 무엇인지 찾는다.

   ③ 데이터 간의 관계나 패턴을 수식으로 표현할 수 있다.

   ④ 객체들 간의 관계를 다이어그램 등으로 표현할 수 있다.

   ⑤ 객체들 간의 흐름을 표현하기 위해 글로 자세히 표현한다.

4. 로봇기자 프로그램을 만들기 위해 보기와 같은 문장들의 공통 요소를 찾아 아래와 같이 구조화 하려고 한다. (a), (b), (c)에 해당하는 핵심요소 무엇인가?

매년 가을 아산 단풍나무 길에는 하루 1000명의 인파가 몰린다.
매년 여름 경포대 해수욕장에는 하루 2000명의 인파가 몰린다.
매년 겨울 양평 스키장에는 하루 1500명의 인파가 몰린다.

매년 (a) (b) 에는 하루 (c)명의 인파가 몰린다.

---

① (a) 지역명   (b) 관광지   (c) 인원수

② (a) 계절   (b) 지역명   (c) 인구수

③ (a) 계절   (b) 관광지   (c) 인원수

④ (a) 지역   (b) 인원수   (c) 관광지

⑤ (a) 관광지   (b) 인원수   (c) 인파

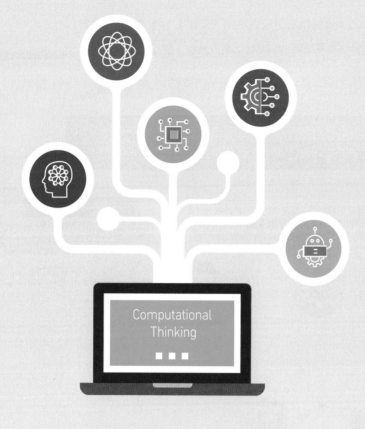

CHAPTER 5

자동화를 위해서는
정확한 알고리즘이 필요해

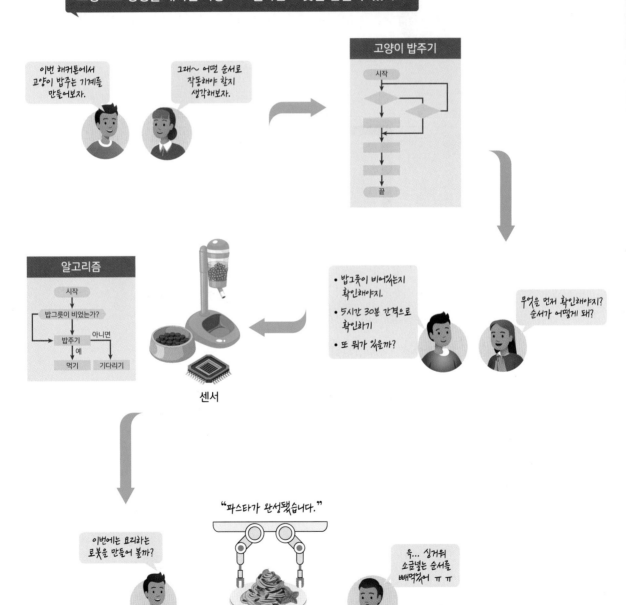

학습목표

1. 컴퓨팅 사고력의 하위요소인 알고리즘과 자동화의 개념을 이해할 수 있다.
2. 프로그래밍 언어를 이해하고 자동화하는 방법을 이해할 수 있다.

일을 처리하려면 정확한 순서대로 알고리즘으로 만들어야해.
코딩으로 명령을 내리면 자동으로 일하는 로봇을 만들 수 있어.

이번 해커톤에서 고양이 밥주는 기계를 만들어보자.

그래~ 어떤 순서로 작동해야 할지 생각해보자.

고양이 밥주기

시작

끝

알고리즘

시작

밥그릇이 비었는가?

밥주기

먹기 · 기다리기

예 · 아니면

센서

• 밥그릇이 비어있는지 확인해야지.
• 5시간 30분 간격으로 확인하기
• 또 뭐가 있을까?

무엇을 먼저 확인해야지? 순서가 어떻게 돼?

이번에는 요리하는 로봇을 만들어 볼까?

"파스타가 완성됐습니다."

우... 싱거워 소금넣는 순서를 빼먹었어 ㅠㅠ

알고리즘을 만들고 코딩으로 명령을 내리면 자동화 되겠지!

개념 이해

5.1 알고리즘의 개념

팩맨이 있는 왼쪽 상단 첫 칸에서부터 시작하여 한 칸씩 이동해가며 바둑알을 놓도록 명령한다면 다음과 같다. 이러한 순서 중에서 하나라도 빠뜨리거나 순서를 바꾸게 되면 우리가 원하는 형태의 결과를 얻을 수 없을 것이다.

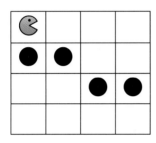

1. 아래로 이동하기
2. 바둑알 놓기
3. 오른쪽으로 이동하기
4. 바둑알 놓기
5. 오른쪽으로 이동하기
6. 아래로 이동하기
7. 바둑알 놓기
8. 오른쪽으로 이동하기
9. 바둑알 놓기

이와 같이 알고리즘(Algorithm)은 문제를 해결하기 위해 정해진 일련의 절차나 방법을 표현한 것이다. 이러한 알고리즘은 명령어들을 논리적인 순서대로 나열한 것이다. 그러나 위와 같이 모든 명령을 자연어와 같이 긴 언어로 표현한다면 매우 길뿐 아니라 컴퓨터에 바로 적용하기 어려울 것이다. 따라서 각각의 명령을 컴퓨터가 알아 들을 수 있는 간단한 기호나 약자어로 만들 필요가 있다.

코드(code)는 프로그램을 만들기 위한 컴퓨터용 언어를 의미한다. 프로그램을 만들기 위해서 여러 명령문들을 기호나 문자로 간단하게 정한 코드로 바꾸는 과정을 코딩(Coding) 또는 프로그래밍(Programming)이라고 한다.

알고리즘은 다양할 수 있으나 효율적이어야 한다. 어떤 문제 해결을 위한 알고리즘은 다양하게 존재할 수 있다. 바둑돌 활동에서도 아래와 같이 A와 B가 같은 바둑돌 그림을 그렸지만 지나간 길의 방향이나 경로가 다를 수 있다.

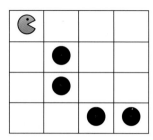

단계	1	2	3	4	5	6	7	8	9	10
A	→	↓	●	↓	●	↓	→	●	→	●
B	↓	→	●	↓	●	→	↓	●	→	●

알고리즘의 다양성

또한, 예를 들어 1부터 100까지의 합을 구하기 위해서는 먼저 1+2를 한 결과인 3에 3을 더하고, 그 결과인 6에 4를 더하는 방식으로 하나씩 누적하여 더해가는 방법이 있을 수 있고, 50을 기준으로 처음과 마지막의 대칭이 되는 두 수, 즉, 처음 숫자인 1과 마지막 숫자인 100을 더하면 101이 되고, 2와 99를 더하면 101이 되는 수가 50개 이므로 101에 50을 곱하는 방법도 있다.

하나의 문제해결을 위한 다양한 알고리즘이 존재하지만, 같은 모양의 바둑알을 놓기 위한 더 효율적인 방법은 있을 것이다. 예를 들어, 아래와 같이 같은 모양의 바둑판을 그리기 위해 A는 12단계의 명령을 하고, B는 8단계의 명령을 했을 때, 둘 중에 B의 명령이 더 효율적이라고 할 수 있다.

단계	1	2	3	4	5	6	7	8	9	10	11	12
A	↓	●	→	→	↓	←	●	←	↓	→	→	●
B	↓	●	↓	→	●	↓	→	●				

알고리즘의 효율성

알고리즘의 효율성은 실행되는 명령의 수(또는 시간)로 측정할 수 있다. 알고리즘의 효율성이 중요한 이유는 실행 및 처리 시간을 단축시킬 수 있다는 점, 공간을 덜 차지한다는 점, 그리고 디버깅 시간을 단축시켜 줄 수 있기 때문이다.

이것이 바로 알고리즘의 효율성을 확인하기 위한 시간 복잡도와 공간 복잡도의 문제이다.

시간복잡도란 알고리즘이 어떤 문제를 해결하는데 걸리는 시간이다. 해당 프로그램의 처리 시간이 오래 걸릴수록 CPU(중앙처리장치)를 차지하는 시간이 길어지고 그렇게 되면 CPU가 다른 일을 처리하지 못하기 때문에 그만큼 컴퓨터의 효율이 떨어진다. 따라서 프로그램의 알고리즘을 작성할 때는 시간 복잡도를 최소한으로 해야 한다. 시간 복잡도를 측정하기 위해 처리에 필요한 시간의 최대치를 나타내는 빅-오(Big-O) 표기법이 있다.

그리고 알고리즘의 효율성에 영향을 주는 공간복잡도가 있다. 공간 복잡도는 문제 해결에 있어 주기억장치(RAM)의 공간을 얼마나 차지하는가에 대한 것이다. 하지만 최근에는 주기억장치인 RAM의 용량이 커졌기 때문에 공간 복잡도의 중요성이 상대적으로 줄어들고 있지만 스마트폰 같은 소형기기에서는 여전히 중요한 요소이다.

5.2 알고리즘의 조건

명령어들을 모두 모아두었다고 해서 알고리즘이 되는 것이 아니다. 알고리즘은 다음과 같은 조건을 만족해야한다.

첫째, 알고리즘에는 입력과 출력이 있어야 한다. 프로그램을 실행시키기 위해서는 외부로부터 데이터를 입력받아야 하며 처리과정을 거쳐 하나 이상의 출력이 있게 된다. 예를 들어, 앞서 바둑돌 놓기 활동에서 화살표 코드는 입력이 되며 화살표 코드 순서로 명령을 처리하여 최종적으로 바둑돌이 놓인 상태로 출력된다(입력과 출력).

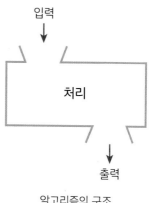

알고리즘의 구조

둘째, 알고리즘은 명백성을 가져야 한다. 각각의 명령어들은 어떤 순서로 어떤 연산을 해야할지 모호하지 않고 정확히 기술되어야 프로그램을 수행할 수 있다. 바둑알을 놓는 위치를 정하는 화살표 코드는 정확한 방향과 놓는 자리를 제시해야 한다. 바둑알을 놓기 위해 '앞으로 간다' '뒤로 간다' 등으로 표현한다면 앞이나 뒤의 기준이 불분명하여 어느 방향인지 명확하지 않을 수 있다(명백성).

셋째, 알고리즘은 유효성을 가져야 한다. 모든 명령어나 연산은 실행 가능한 동작이나 연산이어야 프로그램을 수행할 수 있다. 바둑알을 놓는 화살표 코드가 바둑알을 놓는 바둑판 밖으로 나가도록 명령한다면 그 알고리즘은 수행 할 수 없을 것이다(유효성).

넷째, 알고리즘은 유한성을 가져야한다. 알고리즘은 끝이 없이 계속 돌지 않고 반드시 종료되어야 한다. 알고리즘에 끝이 없다면 프로그램을 언제 끝내야할지 알 수 없어 수행할 수 없게 된다. 바둑돌을 모두 두기까지의 한정된 명령의 단계를 거쳐 최종 알고리즘을 완성시켜야 한다(유한성).

다음은 자판기와 엘리 베이터에서의 입력, 출력, 수행가능성, 명확성, 유한성에 대한 예이다.

조건 \ 사례	자판기	엘리베이터
입력	음료수 선택	가고자 하는 층
출력	음료수	엘리베이터의 상하 움직임
수행가능성	재고가 있어야 함	존재하는 층이어야함
명확성	정확한 번호 입력	정확한 층 입력
유한성	음료수는 입력한 수만큼만 나오고 멈추어야 함	해당 층에 도착하면 멈추어야 함

이와 같이 알고리즘은 어떤 문제를 효율적으로 해결하기 위한 절차와 방법이다. 알고리즘을 통해 컴퓨터는 입력된 단계에 따라 프로그램을 실행하기 때문에 반복적이고 자동화된 프로그램을 실행할 수 있게 된다. 컴퓨터는 수많은 프로그램들의 집합으로 이루어져있다. 이러한 알고리즘을 표현하는 방법에는 자연어, 순서도, 의사코드, 프로그래밍 언어가 있다.

5.3 자동화와 함수

알고리즘이 문제 해결을 위한 효율적인 방법과 절차라면, 프로그래밍은 문제의 해결책을 프로그래밍 언어로 구현하여 자동화하는 과정이다. 자동화의 과정은 활용하고자 하는 프로그래밍 언어의 개발 환경 및 특성을 이해하고 입력과 출력, 변수와 연산, 실행 흐름 제어를 위한 제어 구조 등과 같은 프로그래밍의 기본 개념과 원리를 적용하는 과정이다.

프로그래밍에서 자동화를 쉽게 구현할 수 있는 방법으로 함수를 활용할 수 있다. 함수는 가장 단위의 프로그램으로 정의되는데, 반복되는 코드의 조각을 프로그램으로 묶어서 쉽게 반복 호출을 할 수 있는 코드의 묶음을 말한다. 다음의 다각형 그리기 예제를 통해 변수를 활용한 프로그램에서 함수 구조를 활용한 프로그램으로 발전시켜 보자.

다각형 그리기 프로그램을 만들 때 몇각형을 만들지를 변수로 생성하면, 몇각형을 그릴지를 물어본 후 대답한 수(변수)에 의해 각도가 결정된다. 즉, 각도는 360도 나누기 대답만큼이 되므로, 오각형을 만든다고 하면 한 내각의 크기는 360/5=72도가 된다. 육각형을 만든다고 하면 한 내각의 크기는 360/6=60도가 된다.

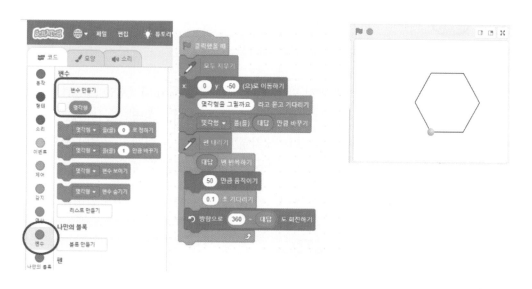

변수를 사용한 다각형 그리기

이렇게 변수를 활용하여 다각형을 그릴 수 있는데, 다각형을 그리는 코드에서 동일한 패턴을 찾을 수 있으므로 이 코드를 묶어서 '다각형 그리기'라는 함수를 만들면, 더 쉽게 함수를 호출하여 다각형 그리기를 할 수 있다. 스크래치에서는 나만의 블록에서 함수를 만들어서 사용할 수 있도록 제공하고 있다. 나만의 블록에서는 내가 정의하고 싶은 함수를 여러 블록들을 사용하여 만들 수 있다. 스크래치의 나만의 블록을 활용하여 '다각형'이라는 함수를 만들어 보자.

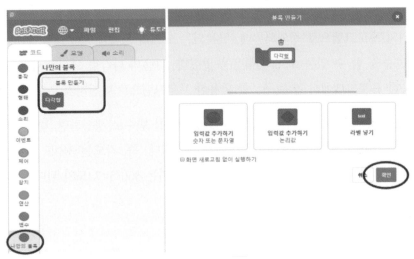

함수만들기

다각형을 정의하기를 나만의 블록에서 만든 후에, 변수를 통해서 다각형을 그렸던 코드를 가져와서 수정하면 쉽게 만들 수 있다. 한 변을 50만큼 움직이고, 방향 돌기를 360도 나누기 몇각형(변수) 만큼을 넣어주고, 이것을 '몇각형' 번 반복하면 쉽게 다각형이 정의된다. 이렇게 다각형 그리기 함수를 만들어 놓은 후에, 깃발을 클릭했을 때 이 함수를 불러오면 (호출하면) 된다.

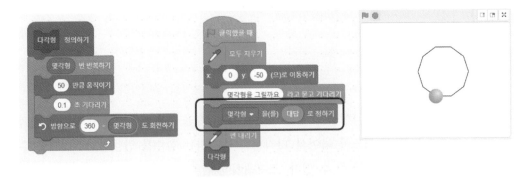

입력된 값에 의해 다각형 그리기

함수를 만들 때 매개변수를 사용할 수도 있다. 매개변수는 두 개 이상의 변수 사이의 함수 관계를 보조의 변수를 사용하여 간접적으로 표시하는 방법으로 파라미터라도 한다. 이 경우에는 변수를 함수에 사용하여 다각형을 정의하는 것이 아니라, 한 변의 반복 횟수, 각도, 도형의 이름을 직접 지정하여 함수를 정의하는 방식이다. 도형을 횟수, 각도, 몇각형의 입력값을 갖도록 정의한다. 이 경우에는 사용자가 직접 이러한 입력값들을 입력해 주는 방식이다.

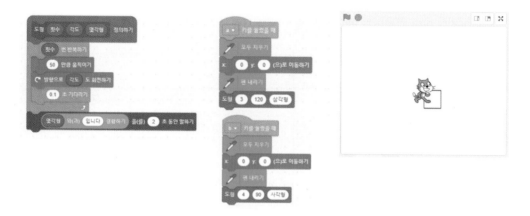

매개변수 사용하기

지금까지 함수를 활용하여 다각형을 자동적으로 그려주는 프로그램을 살펴보았다. 이렇게 자동화의 결과로 나타나는 것이 바로 '시뮬레이션'이다. 시뮬레이션은 문제를 해결하기 위하여 만든 모델을 실행시켜 결과를 확인하는 것이다. 예를 들어 생태계의 먹이사슬을 구현하는 시뮬레이션이라면, 생산자의 개체들이 일정 비율로 사라지게 되면 그 다음 생태계의 각 개체들의 수가 어떻게 변화할지에 대해서 예측해보는 것이다. 이때 생태계 모델을 사용하여 각 개체들 간의 관계를 자동화 시스템으로 구현하여 놓고, 각 비율 혹은 개체 수를 바꿔가면서 발생을 예측하는 시뮬레이션을 만들 수 있다.

순차 알고리즘

■ 아래 그림 중 하나를 선택하여 설명하는 글을 순서대로 적어 보시오. 내가 작성한 글을 친구에게 보여주고 어떤 그림인지 알 수 있도록 이동순서를 순서대로 설명하시오.

알고리즘의 코드화

■ 하단의 코드를 보고 이것으로 바둑알을 놓을 수 있도록 표현해 보자.

↓	↑	→	←	●
아래칸으로 이동	윗 칸으로 이동	오른쪽 칸으로 이동	왼쪽 칸으로 이동	바둑알 두기

1단계	2	3	4	5	6	7	8	9	10
11	12	13	14	15	16	17	18	19	20

1단계	2	3	4	5	6	7	8	9	10
11	12	13	14	15	16	17	18	19	20

1단계	2	3	4	5	6	7	8	9	10
11	12	13	14	15	16	17	18	19	20

1단계	2	3	4	5	6	7	8	9	10
11	12	13	14	15	16	17	18	19	20

출처: code.org

■ 다음과 같이 스프라이트의 움직임 나타내기

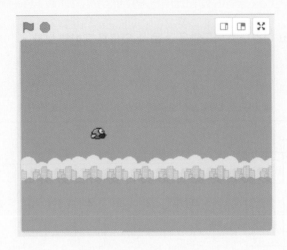

목표상태	아래로 내려가는 플래피 버드가 배경을 클릭하면 조금씩 위로 올라간다.

[문제분해] 프로그램에서 사용되는 구성요소

플래피 버드

[패턴인식] 조건 파악하기

1. 플래피 버드가 중앙에 있다.
2. 플래피 버드가 아래로 내려간다.
3. 배경을 클릭하면 플래피 버드가 위로 올라간다.

[추상화] 핵심요소(변수)와 간단히 표현하기

필요 변수	추상화
y좌표값	• 객체를 클릭하면 • Y좌표 ← Y좌표 + 10

[알고리즘과 자동화]

프로그래밍 해보기

처음 위치로가기
무한반복하기
　　아래로 -2만큼씩 내려가기
　　만약 마우스를 클릭하면
　　　　Yes 위로 15만큼 올리기

숫자 세기

■ 엔트리 봇이 원하는 숫자까지만 숫자세기를 해야 하는데, 무조건 10까지 셉니다. 원하는 만큼
   만 세도록 수정하시오.

1. 다음 중 알고리즘에 대한 설명으로 바르지 않은 것은?

   ① 문제를 해결하기 위한 단계적인 절차이다.

   ② 명령어들 집합이라면 모두 알고리즘이 될 수 있다.

   ③ 컴퓨터를 위한 알고리즘은 명령어들의 순서 있는 집합이다 .

   ④ 알고리즘을 프로그래밍 언어로 구현하면 컴퓨터 프로그램이 된다.

   ⑤ 알고리즘이 되기 위한 조건을 만족하는 집합만이 알고리즘으로 정의 된다.

2. 다음은 알고리즘의 조건에 관한 설명으로 옳지 않은 것은?

   ① 출력 : 1개 이상의 출력이 존재하여야 한다.

   ② 유효성 : 각 명령어들은 실행 가능해야 한다.

   ③ 명백성 : 각 명령어의 의미는 모호하지 않고 명확해야 한다.

   ④ 입력 : 상황상 입력이 필요한 경우에만 입력이 존재하여야 한다.

   ⑤ 유한성 : 한정된 수의 명령어가 실행된 후에는 반드시 종료되어야 한다.

3. 별표에서 출발하여 주어진 명령만을 이용하여 다음의 그림을 색칠하기 위해 최소 몇 단계의
   명령코드를 사용할 수 있는가?

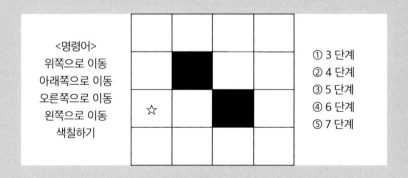

<명령어>
위쪽으로 이동
아래쪽으로 이동
오른쪽으로 이동
왼쪽으로 이동
색칠하기

① 3 단계
② 4 단계
③ 5 단계
④ 6 단계
⑤ 7 단계

4. 다음 중 알고리즘에 대한 설명으로 바르지 않은것은?

① 문제를 해결하기 위한 단계적인 절차이다.

② 어떤 명령어의 집합이든 다 알고리즘이 될 수 있다.

③ 프로그램을 위한 알고리즘은 명령어를 순서대로 작성한 것이다.

④ 알고리즘을 프로그래밍 언어로 구현하면 컴퓨터 프로그램이 된다.

⑤ 알고리즘이 되기 위한 조건을 만족해야 올바른 알고리즘이라고 할 수 있다.

5. 중 해당 칸에 색칠하기 위해 순서대로 기호 명령으로 표현하였을 때, 그려지는 그림은?

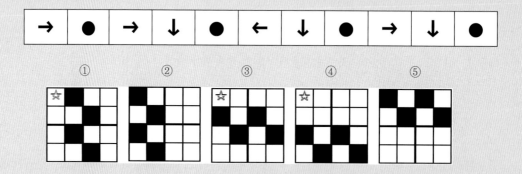

6. 알고리즘을 컴퓨터가 수행하기 위한 조건으로 바르지 않은 것은?

① 입력과 출력을 가져야 한다.

② 각 명령어는 모호하지 않고 명확해야 한다.

③ 문제를 해결하기 위한 순서는 중요하지 않다.

④ 각 명령어들은 실행 가능한 연산이어야 한다.

⑤ 한정된 수의 단계 후에는 반드시 종료되어야 한다.

PART 2

컴퓨터과학의 기초

CONTENTS

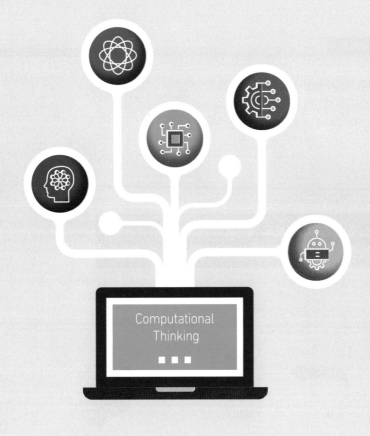

Computational
Thinking

CHAPTER 6

컴퓨터는
이진표현으로부터 시작해

학습목표

1. 컴퓨터의 역사와 발전과정에 대해 이해할 수 있다.
2. 현대 컴퓨터의 특징에 대해 이해할 수 있다.
3. 정보의 이진표현에 대해서 이해할 수 있다.

> 컴퓨터는 계산기인데, 정보도 계산할 수 있어요.
> 문제를 제대로 정의하면 계산해서 해결책을 찾을 수 있어요.

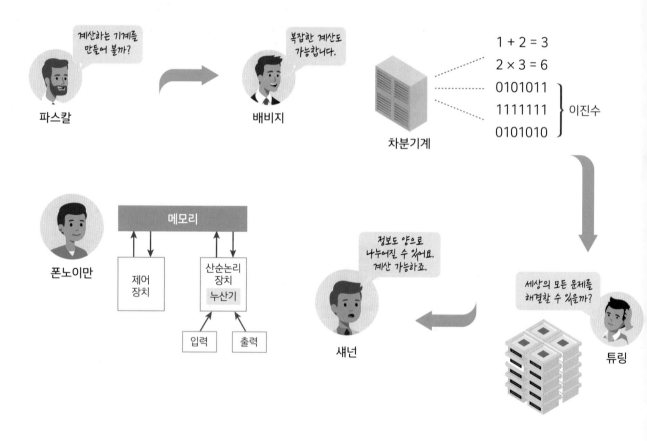

개념 이해

6.1 컴퓨터의 발전

컴퓨터는 하드웨어와 소프트웨어로 이루어진다. 하드웨어는 컴퓨터를 구성하고 있는 물리적인 기계 장치로 소프트웨어에 의해 주어진 일을 수행한다. 하드웨어에는 중앙처리장치, 기억장치(RAM, HDD 등), 입출력장치(마우스,프린터 등)이 있다. 소프트웨어는 하드웨어의 동작을 지시하고 제어하는 역할을 하는 명령어들의 집합인 프로그램과 프로그램에 필요한 데이터를 총칭한다. 소프트웨어는 시스템 소프트웨어와 응용 소프트웨어로 나뉜다. 시스템 소프트웨어에는 운영체제와 컴파일러 등이 속해 있고, 응용 소프트웨어에는 워드 프로세서, 스프레드 시트 등이 속해 있다.

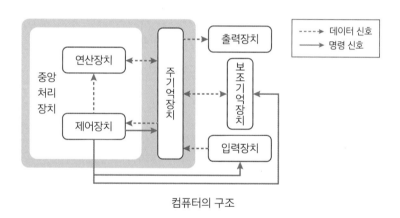

컴퓨터의 구조

오늘날 삶의 필수품이 된 컴퓨터는 언제 어떤 목적으로 만들어 사용하기 시작했을까? 컴퓨터의 어원은 '계산하다(compute)'로 컴퓨터는 원래 계산을 위해서 만들어졌다. 컴퓨터의 역사는 주판, 계산자, 계산판 등에서부터 시작한다.

아주 오래전 인류문명이 발전하기 전에 사람들은 물건을 계산하기 위해서 손을 사용해왔다. 그러나 수가 커지고 계산을 할 일들이 많아지면서 계산을 도와줄 도구가 필요하게 되었다. 수학이 발전한 메소포타미아에서는 BC 3000년경 최초의 계산기인 '주판'을 발명하였다. 이 시대에는 모래로 덮인 판 위에 조약돌을 차례대로 쌓아놓아 계산을 하였는데, 바로 이것이 계산을 돕는 최초의 도구라고 할 수 있다. 이후 로마시대에서는 구슬을 끼워넣은 주판이 만들어지기 시작하였다.

계산하는 원시인   주판

동양에서는 중국 한나라 때 오늘날의 주판 초기 형태가 만들어졌다. 이는 계산기가 나오기 전까지 널리 이용되었다. 우리나라에는 조선 초기에 주판이 들어왔지만, 이전에 들어온 산가지를 사용한 계산 방식이 널리 알려져서 그 당시는 크게 쓰이지 못하였다. 주판은 계산을 하는데 많은 도움을 주었지만 복잡한 계산을 하기에는 불편한 점이 많았기 때문에 점점 연산을 빠르게 할 수 있는 도구를 필요로 하게 되었다.

1642년 프랑스의 수학자 블레즈 파스칼(Blaise Pascal, 1623-1662)은 세금 공무원이었던 아버지의 수고를 덜어주려고 톱니바퀴의 원리를 이용해 덧셈과 뺄셈이 가능한 기계식 계산기를 발명하였다. 이 최초의 계산기는 톱니바퀴가 서로 맞물려 가면서 계산을 하도록 설계되었다. 29년 후, 독일의 수학자인 고트프리트 라이프니츠(Gottfried Wilhelm Leibniz, 1646-1716)는 파스칼이 고안한 기계식 계산기를 보완하여 곱셈과 나눗셈을 할 수 있는 계산기를 만들었다. 이것이 바로 최초의 사칙연산이 가능한 계산기이다. 파스칼의 계산기에 여러 겹의 톱니바퀴를 추가하여 덧셈을 반복함으로써 곱셈이 가능하도록, 뺄셈을 반복함으로써 나눗셈이 가능하도록 하였다.

파스칼(좌)과 라이프니츠(우)의 계산기

그 후 1837년 영국의 수학자인 찰스 배비지는 '해석기관'이라는 계산 장치를 설계하였다. 해석기관은 기계적 범용 컴퓨터의 설계를 가진 컴퓨터의 시초이다. 처음 발표된 후로 1871년에 그가 죽기 전까지 연구가 진행되었으나 실제로 제작하지는 못하였다. 해석기관의 논리적 설계 자체는 매우 현대적인 것으로 평가받고 있으며, 약 100년 뒤 첫 범용 컴퓨터의 모습을 예측하고 있다. 이 해석기관은 컴퓨터의 역사에서 중요한 발전 중 하나이다. 그래서 찰스 배비지는 컴퓨터의 아버지라 불린다.

해석기관은 증기기관을 동력으로 사용하며 30미터 길이에 10미터 넓이 정도의 크기를 가진 것으로 알려져 있다. 프로그램과 데이터를 천공 카드로 입력받았고 프린터와 곡선 플로터, 종으로 출력했다. 또한 확인을 위해 천공카드 입력기를 장착할 예정이었고, 숫자는 고정 소수점을 갖는 십진수를 사용하였다. 50자리의 숫자 1000개를 저장할 수 있는 저장소(store)가 있었고, 산술 논리 장치(mil)는 사칙 연산과 비교 연산, 그리고 선택적으로 제곱근 계산 기능을 제공하였다. 초기에는 차분기관의 출력이 다시 입력되는 순환적인 구조에 한쪽에 긴 저장소가 있는 형태로 생각되었으나, 나중에 그려진 그림에서는 격자 형태로 조정되었다.

해석기관

해석기관은 현대 컴퓨터의 중앙 처리 장치(CPU)와 마찬가지로 산술 논리 장치도 그것의 내부 프로시저에 의존하였는데, 이것들은 배럴(barrels)이라 불리는 회전하는 드럼에 삽입되는 말뚝 형태로 저장되었다. 이 프로시저들은 사용자 프로그램이 지정하는 좀 더 복잡한 명령어들을 실행할 수 있도록 하였는데, 이는 현대 컴퓨터에서 마이크로코드에 해당한다.

천공카드
출처 : 넥슨컴퓨터박물관

또한 해석기관에는 현대의 어셈블리어와 유사한 프로그래밍 언어가 사용되었다. 반복문과 조건문이 존재하며, 세 종류의 천공 카드가 사용되었는데, 각각 수학 연산을 위한 카드, 숫자 상수를 위한 카드, 그리고 숫자를 수학 연산 단위로 전달하거나 이를 다시 전달받는 데 사용되는 카드이다. 이 3종류의 카드를 읽기 위해 3종류의 카드 리더기가 존재했다.

이렇게 현대 컴퓨터의 프로그래밍 방식의 처리방식과 유사한 해석기관은 자금과 당시 기술적인 한계로 제작에는 실패하였다. 그러나 기계식 컴퓨터에 프로그램을 할 수 있는 개념으로써 그 개념 자체는 최초의 컴퓨터의 개념이라고 할 수 있다.

현대적인 컴퓨터는 제 2차 세계대전에서부터 시작한다. 제 2차 세계대전에서 독일군은 비밀 메시지를 암호화하여 전쟁에서 우위를 차지하고 있었다. 그 때 사용한 암호 기계가 바

콜로서스 1호

앨런 튜링

출처 : wikimedia

로 '애니그마'이다. 이 때, 암호의 해독을 위해서 영국의 과학자들을 모아서 연구팀을 결성하게 되는데, 이 때, 앨런 튜링이 1943년 최초의 디지털 컴퓨터인 콜로시스 1호를 개발하여 독일군의 암호 해독에 성공하게 된다. 콜로서스 1호는 1996년 복원하여 영국 블레칠리 파크에 전시되어 있다. 콜로서스 1호는 높이가 3m, 너비가 5m의 크기로 제작되었고, 2400개의 진공관으로 만들어져 있다. 1초당 5000자의 속도로 암호를 해독할 수 있도록 설계되어 있다.

3년 뒤, 1946년에는 군사적 목적으로 다용도 디지털 컴퓨터인 '애니악'이 발명되었다. 종전 후에 제작이 완성되어서 일기예보, 우주선 연구와 같은 다양한 분야에서 사용되었다.

그 후 최초의 상업용 컴퓨터인 '유니박'의 탄생과 함께 컴퓨터의 크기는 점점 작아지고 성능은 좋아졌다.

애니악

유니박

그 후, 컴퓨터의 대중화로 개인용 컴퓨터(PC ： Personal Computer)시대가 열렸다.

이러한 현대적인 컴퓨터는 동일한 하드웨어 상에서 프로그램을 바꿔 가면서 다양한 작업을 할 수 있기 때문에 범용적이다. 따라서 각각의 프로그램에 따라 전문적인 작업을 할 수 있다.

개인용 PC

현대적인 컴퓨터는 다음의 세 가지 특징을 가진다.

① 현대적인 컴퓨터는 기계보다도 전기전자 장치를 사용해서 계산한다.
② 아날로그가 아닌 디지털 방식이어야 한다.
③ 내장 프로그램 방식을 사용하여야 한다.

현대 컴퓨터의 중요한 특징인 내장 프로그램 방식은 오늘날의 모든 컴퓨터에서 채택하는 방식이다. 최초의 현대적인 컴퓨터였던 애니악(ENIAC)은 프로그램 변경시 마다 수많은 스위치들을 다시 연결하는 번거로움이 컸다. 이를 해결하기 위해 폰 노이만은 1945년에 발표한 논문에서 내장 프로그램 방식을 최초로 기술하였다. 내장 프로그램 방식의 컴퓨터는 전자식 기억장치에 프로그램 명령어를 저장하는 방식이다.

오늘날의 컴퓨터는 범용적인데, 이는 동일한 하드웨어 상에서 프로그램을 바꾸어 가면서 다양한 작업을 가능하게 한다. 각각의 프로그램에 따라서 전문적인 작업을 수행할 수 있도록 설계되었다. 이러한 컴퓨터의 실행과정을 간단하게 살펴보면, 입력 → 저장 → 처리 → 출력의 과정을 거친다.

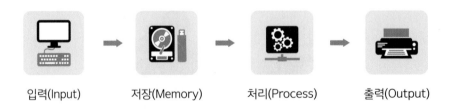

입력(Input)   저장(Memory)   처리(Process)   출력(Output)

입력값이 들어오면 프로그램과 데이터는 모두 메인 메모리에 저장이 되고, 메인 메모리에서 저장된 프로그램에서 이진수로 되어 있는 명령어들을 순차적으로 가져와서 처리하고 처리된 결과가 출력된다. 명령어라는 것은 CPU가 이해하는 이진 패턴으로 만들어지며, 명령어가 CPU에 주어지면 CPU는 정해진 동작을 실행한다.

오늘날 슈퍼컴퓨터의 등장으로 컴퓨터의 계산 속도가 빨라져서 대량의 데이터들이 처리되는 시간이 단축되었다. 하루하루 기술 발전의 속도가 빨라지고 있는데 미래에는 어떤 컴퓨터가 나오게 될까? 이미 슈퍼컴퓨터로 수만 년이 걸리는 연산을 100초만에 끝낼 수 있는 양자컴퓨터가 개발이 시작되고 있다. 세계가 앞다투어 투자하고 개발하려는 양자컴퓨터가 무엇인지 알아보자.

일반컴퓨터는 0과 1을 처리하는 이진수, 즉 비트를 기본 처리방식으로 가지고 있다. 그러나 양자컴퓨터에서는 0과 1을 동시에 처리하는 방식으로 큐빗(QUBIT)이라는 단위를 사용한다. 큐빗은 0과 1이 중첩되어 있다가 사용된다. 4개의 비트를 나열하는 16가지의 방법을 생각해 보면, 한번에 0과 1이 한번씩 사용되는데, 큐빗에서는 이 16가지가 동시에 사용된다. 이렇게 0과 1을 동시에 처리하는 병렬 연산이 가능해짐으로써 연산 처리 속도가 빠르다.

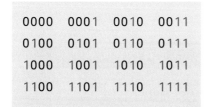

비트표현   큐빗표현

큐빗의 양이 늘어날수록 처리 속도가 기하급수적으로 증가하게 된다. 만약 큐빗이 20개 라면 100만개의 연산을 동시에 하고, 만약 60개-100개가 되면 최고의 슈퍼 컴퓨터를 능가하는 처리 속도를 가지게 된다.

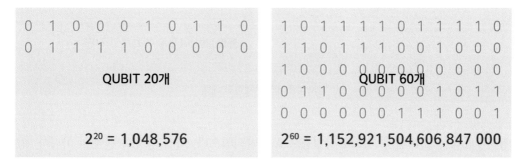

큐빗의 데이터처리 양

양자컴퓨터는 빠른 연산 처리 속도를 통해서 많은 이점을 가진다. 첫 번째는 분자 단위의 시뮬레이션이 가능해짐에 따라 신약 개발에 도움을 줄 수 있다. 두 번째는 수천억 개 데이터를 처리하는 속도가 빨라짐에 따라 인공지능 개발을 촉진하는 데 도움을 줄 수 있다. 세 번째는 양자 물리학 암호를 사용하면 해킹이 어려워져 보안 체계에 도움을 줄 수 있다. 네 번째는 지구온난화와 같이 복잡한 데이터가 얽혀있는 문제, 불확실한 미래를 예측하고 진단하는 기능이 향상될 것으로 기대하고 있다.

한편, 양자컴퓨터의 문제점도 몇 가지가 제시되고 있는데, 첫 번째는 양자컴퓨터의 체계를 유지하기 위한 환경 조성이 까다롭다는 것이다. 양자컴퓨터는 −273도를 유지해야 하고, 전자기파가 없어야 하며, 진동이 없어야 가능한 것으로 알려져 있다. 두 번째는 많은 큐빗(QUBIT)은 에러를 줄이는데 사용해야 하므로, 에러가 많다는 점이다. 세 번째는 양자컴퓨터를 위한 완전히 새로운 알고리즘이 개발되어야 한다. 기존의 알고리즘이 0과 1을 처리하는 방식에서 큐빗(QUVIT)방식으로 데이터를 처리하는 방식이 변화해야 하므로 새로운 양자컴퓨터 기반 알고리즘이 만들어야 한다.

양자 컴퓨터의 문제점	양자 컴퓨터의 혜택
환경 조성 까다롭다 -273도 유지, 전자기파 ×, 진동 ×	**신약 개발** 분자 단위의 시뮬레이션 가능
에러가 많다 많은 QUBIT을 에러 줄이는데 사용	**인공지능 개발 촉진** 수천억 개 데이터 정리 입력
알고리즘 개발 중요 완전히 새로운 양자 요리법 요구	**양자 보안 체계** 양자 물리학 암호 - 해킹 ×
	불확실한 미래를 예측하고 진단

양자컴퓨터의 문제점과 혜택

양자컴퓨터는 2019년에 최초로 상업용으로 개발되었으나, 아직 상용화 단계는 아니다. 양자컴퓨터는 인공지능과 함께 우리의 미래를 바꿀 것으로 기대되고 있다.

6.2 정보의 이진표현

우리가 수학에서 흔히 쓰고 있는 계산법은 십진법을 기본으로 하고 있다. 십진법은 10이 되면 다음 단위로 올라가게 되는 것이다. 그러나 컴퓨터에서는 이진법을 사용하고 있다. 이진법은 0과 1만을 사용하여 모든 수를 나타낸다. 왜 컴퓨터에서는 이진수를 사용할까? 바로 하드웨어 때문이다. 즉, 10개의 전압레벨 보다 2개의 전압레벨을 구별하는 회로를 설계하는 것이 훨씬 쉽고 효율적이기 때문이다. 컴퓨터 내부에 데이터를 저장하기 위해서는 십진수보다는 이진수를 이용하는 것이 정보를 처리하는 데 있어서 효율적이다. 따라서 컴퓨터 내부의 모든 데이터는 1과 0의 신호로 저장되고 전송되며 처리된다.

컴퓨터에서 사용하는 이진수의 하나의 자리수를 bit(비트)라고 부른다. 즉, 비트는 0 또는 1을 의미한다. 비트는 Binary Digit의 약자로 이진수에서 하나의 자리수를 의미하며, 정보를 처리하는 가장 기본적인 단위이다. 전구가 켜져 있으면 1, 전구가 꺼져 있으면 0과 같이 전압레벨의 회로를 구성한다. 즉, 이진수는 2개의 상황만을 의미할 수 있는데, 예를 들어 문이 열려있으면 1, 문이 닫혀 있으면 0과 같이 표현할 수 있다.

닫힌 문은 1, 열린 문은 0

그러나 컴퓨터는 실제적으로는 데이터를 저장할 때 1 byte(바이트)로 처리를 한다. 1 바이트는 8개의 비트를 의미하며 컴퓨터가 데이터를 저장하는 최소 단위이다.

그렇다면 이진수를 사용하여 여러 수들을 나타내어 보자. 그림과 같이 왼쪽으로 갈수록 점의 개수가 2배가 되는 카드가 있다고 해보자. 각 카드가 보이는 경우는 1로 각 카드가 보이지 않는 경우는 0으로 나타내어 보자. 아래 그림과 같이 01001은 몇을 의미할까? 바로 8+1=9 이므로, 9를 의미한다.

왼쪽으로 갈수록 점의 개수가 2배가 되는 카드

보이지 않으면 0, 보이면 1을 나타낸다.

0   1   0   0   1   = 9

이번에는 다섯 개의 손가락으로 이진수를 나타내는 연습을 해보자. 손가락의 각 자리수가 이진수의 각 자리 수라고 한다면 첫 번째 손가락은 1을, 두 번째 손가락은 2를, 세 번째 손가락은 4를, 네 번째 손가락은 8을, 다섯 번째 손가락은 16을 나타낸다고 해보자. 다섯 개의 손가락으로 나태낼 수 있는 최대값은 얼마일까? 1+2+4+8+16=31이므로, 나타낼 수

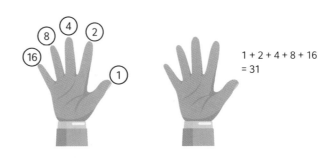

1 + 2 + 4 + 8 + 16
= 31

손가락으로 이진수를 십진수로 계산하기

있는 최대 수는 31이다. 그렇다면 나타낼 수 있는 숫자의 개수는 몇 개일까? 바로 32개이다. 왜냐하면 0을 포함하여 31까지 나타낼 수 있기 때문에 나타낼 수 있는 숫자의 개수는 32개가 된다.

이진수를 잘 이해하기 위해서는 나타낼 수 있는 경우의 수와 함께, 생성할 수 있는 정보의 수도 고려해야 한다. 만약 전구 3개로 나타낼 수 있는 경우의 수를 구해본다면 어떻게 될까?

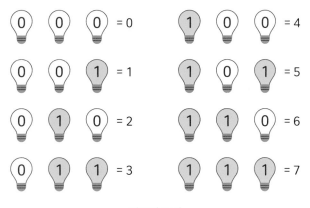

비트의 표현

전구 3개로 나타낼 수 있는 수는 0부터 7까지 이고, 나타낼 수 있는 정보의 개수는 8개가 된다. 이것이 바로 비트열이 생성하는 정보의 수, 패턴의 수가 된다.

따라서

- 1개의 비트로 나타낼 수 있는 패턴의 개수는 0과 1로, 2개가 되고,
- 2개의 비트로 나타낼 수 있는 패턴의 개수는 00,01,10,11로 4개가 되고,
- 3개의 비트로 나타낼 수 있는 패턴의 개수는 000,001,010,011,100,101,110,111로 8개가 된다.

이렇게 비트 수와 표현 가능한 십진수, 패턴의 개수를 규칙을 정리하면 다음 표와 같다.

비트 수	표현 가능 십진수	패턴의 개수
1	0 ~ 1	$2^1 = 2$
2	0 ~ 3	$2^2 = 4$
3	0 ~ 7	$2^3 = 8$
4	0 ~ 15	$2^4 = 16$
5	0 ~ 31	$2^5 = 32$
6	0 ~ 63	$2^6 = 64$
7	0 ~ 127	$2^7 = 128$
8	0 ~ 255	$2^8 = 256$
N	0 ~ (2^N-1)	$2^1 = N$

이번엔 다양한 정보를 저장하기 위해 필요한 비트 수를 계산해 보자. 예를 들어 동전 던지기를 하기 위해서는 동전의 앞면, 동전의 뒷면, 즉 2개의 값이 필요하다. 그렇다면 이 정보를 표현하기 위해서 필요한 비트 수는 몇 개 일까? 바로 1개의 비트만 있으면 된다. 7개의 요일을 표현하기 위해서 필요한 비트 수는 몇 개 일까? 바로 3개이다. 12개월이라는 정보를 표현하기 위해서 필요한 비트는 몇일까? 3개의 비트로는 7까지만 표현할 수 있으므로 4개의 비트가 필요하다. 이렇듯 정보의 유형과 필요한 값의 개수를 계산하여 비트 수를 구할 수 있다.

정보 유형	값의 개수	비트 수
동전 던지기	2	1
요일	7	3
월	12	4
일	31	5
키보드 기호	~104	7
1년 날짜	365	9

이진수가 컴퓨터에 이진수로 저장되는 것이 바로 기계어(machine language)이다. 기계어는 명령어를 0과 1로 표현한다. 이는 컴퓨터의 CPU가 명령을 처리할 때 사용하는 언어로 이진수로 되어 있다.

0000	0001	0010	0011
0100	0101	0110	0111
1000	1001	1010	1011
1100	1101	1110	1111

기계어

이러한 기계어를 사람의 언어로 알아보기 쉽게 표현하는 언어가 어셈블리어(assembly language)이다. 어셈블리어는 기계어를 보다 쉬운 코드로 나타낸 것이다. 예를 들어 기계어의 형식은 그대로 두고 특정 숫자가 대입 명령을 의미한다면, 그 숫자를 MOV라는 단어로 바꿔서 사용하는 것이다.

기계어   어셈블리어

예를 들어 MOV AX, 0은 AX에 0을 이동하라는 의미이고, ADD AL, 2 는 AL에 2를 더하라는 것이다. SUB BX, 5 는 BX에 5를 빼라는 것이고, CMP AX, BX 는 AX와 BX를 비교하라는 의미이다.

어셈블리어 명령어	의미
MOV AX, 0	AX에 0을 이동(설정)
ADD AL, 2	AL에 2를 더하라
SUB BX, 5	BX에 5를 빼라
CMP AX, BX	AX와 BX를 비교해라

어셈블리어는 기계어와 1대 1로 대응된다. 어셈블리어로 작성한 프로그램 소스를 기계어로 번역해야 CPU가 사용할 수 있다. 어셈블리어를 기계어로 번역하는 프로그램을 어셈블러(assembler)라고 한다. 컴파일은 C언어, 파스칼 등으로 구현된 프로그램 코드를 어셈블리 코드 혹은 기계어 등 다른 언어로 변환해 주는 프로그램을 지칭한다. 따라서 컴파일 과정을 거치면 우리가 작성한 소스 코드를 컴파일러는 이를 기계어나 어셈블리어로 변환해 주고 이 변환된 코드를 어셈블러 등이 기계어로 바꾸어주게 되어서 비로소 컴퓨터가 이해할 수 있는 기계어가 되는 것이다.

컴파일

이러한 명령어들을 통해서 컴퓨터가 제대로 인식하고 원하는 동작을 실행하게 하기 위해서는 무엇보다 중요한 것이 바로 정확한 명령어의 전달이라고 하겠다.

컴퓨터는 0과 1로 활동

[활동 이해]

■ 컴퓨터는 0과 1로 활동

1. 손가락 혹은 이진수 카드를 이용하여 오른쪽부터 1,2,4,8,16의 숫자 순서를 익힌다.
2. 카드를 보이게 하거나 접지 않은 손가락에 해당하는 숫자들을 더해서 십진수로 나타내본다.
3. 보이거나 보이지 않거나, 펴거나 접는 손가락을 1과 0으로 약속한다.
4. 이진수와 십진수가 서로 어떻게 바뀔 수 있는지 이 개념을 이해할 때까지 연습해 본다.
5. 컴퓨터는 0과 1로 활동지의 다양한 상황을 표현하는 아이콘을 0과 1로 표현해보고 십진수로도 바꿔본다.

이진수	컴퓨터는 0과 1의 이진법을 사용한다.

※ 다양한 상황을 표현한 아이콘들을 이진수로 표현하고 십진수로 바꿔보자.

의미	기호	이진수	십진수
날씨가 맑고 흐리고	☀ ☁ ☁ ☀ (☀ = 1, ☁ = 0)	1001	9
맞고 틀리고	○×○× (○ = 1, × = 0)	1010	
높고 낮고	𝄞 𝄢 𝄞 𝄞 𝄞 (𝄞 = 1, 𝄢 = 0)		
기쁘고 슬프고			

도형그리기 순서

■ 정확한 명령어를 통한 사각형 그리기를 해보자.

스크래치 프로그래밍을 통해 정사각형을 그려보자.
먼저 정사각형을 그리기 위한 조건을 생각해 보자.

1. 사각형의 한 변의 길이는 얼마로 할 것인가?
2. 사각형의 한 각의 크기는 얼마인가?

이 조건을 정하였다면, 스크래치의 동작 블록, 펜 블록을 활용하여 정사각형을 그려보자.

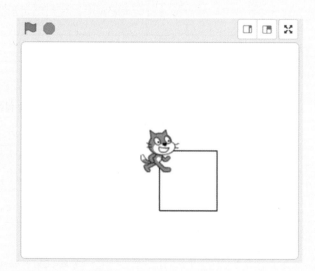

위 사각형 그리기에서는 100만큼 움직인 후에 90도 방향으로 돌기를 하였는데,
만약 90도 방향을 먼저 돌고 100만큼 움직이면 어떤 일이 벌어질까?
같은 결과가 나올지를 예상해 보고, 실제 프로그래밍을 해보자.

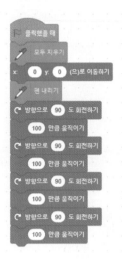

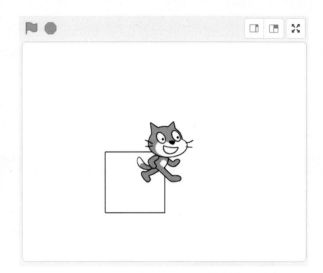

두 개의 사각형 그리기의 차이를 생각해 보자.

■ **정확한 명령어를 통한 삼각형 그리기를 해보자.**

스크래치 프로그래밍을 통해 정삼각형을 그려보자.
먼저 정삼각형을 그리기 위한 조건을 생각해 보자.

1. 삼각형의 한 변의 길이는 얼마로 할 것인가?
2. 삼각형의 한 각의 크기는 얼마인가?

이 조건을 정하였다면, 스크래치의 동작 블록, 펜 블록을 활용하여 정삼각형을 그려보자.

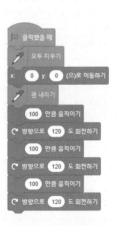

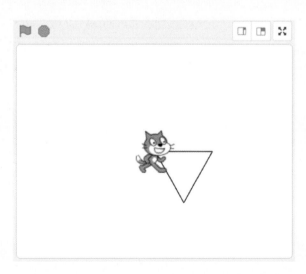

위 삼각형 그리기에서는 100만큼 움직인 후에 120도 방향으로 돌기를 하였는데,
만약 120도 방향을 먼저 돌고 100만큼 움직이면 어떤 일이 벌어질까?
같은 결과가 나올지를 예상해 보고, 실제 프로그래밍을 해보자.

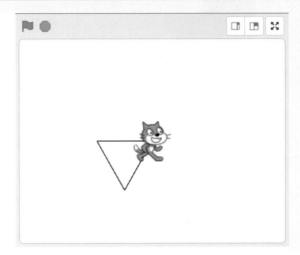

이러한 과정을 통해 명령어의 정확성과 명령어의 순서(순차)에 대해서 생각해 보자.

꼬마 고보 춤추기

■ 고양이와 고보와 함께 춤을 춥니다. 고양이는 중간에 '재미있다'를 외치는데 고보는 처음에 외칩니다. 고보도 중간에 '재미있다'를 외치도록 수정하시오.

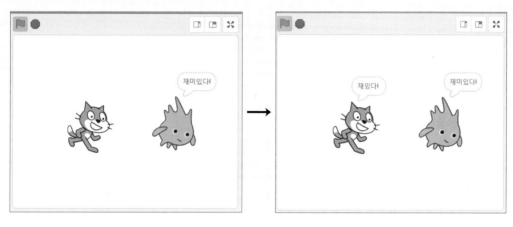

고양이   고보

학습문제

1. 찰스 배비지의 해석시관 설계에 포함된 현대 컴퓨터의 핵심 컴포넌트가 아닌 것은?

   ① 중앙처리장치   ② 저장장치

   ③ 출력장치   ④ 통신장치

   ⑤ 입력장치

2. 컴퓨터의 하드웨어를 구성하고 있는 장치의 연결이 바르지 않은 것은?

   ① 입력장치–마우스   ② 출력장치–스피커

   ③ 제어장치–중앙처리장치   ④ 보조기억장치–램(RAM)

   ⑤ 연산장치–중앙처리장치

3. 현대적인 컴퓨터에 대한 설명으로 바르지 않은 것은?

   ① 최초의 현대적인 컴퓨터는 애니악이다.

   ② 명령어를 이진수로 표현한 것을 기계어라 한다.

   ③ 현대적인 컴퓨터는 내장 프로그래밍 방식을 사용하여야 한다.

   ④ 컴퓨터 하드웨어를 입출력 장치, 중앙처리장치, 주기억장치, 보조기억장치로 구성된다.

   ⑤ 현대적인 컴퓨터는 기계보다도 전자장치를 사용하여 계산하는 아날로그 방식이어야 한다.

4. 정보와 필요한 비트 수를 바르게 짝짓지 않은 것은?

   ① 요일 수(7) – 3 비트   ② 1년 날짜(365) – 8 비트

   ③ 일(31) – 5 비트   ④ 키보드 기호(104) – 7 비트

   ⑤ 손가락 개수(10) – 4 비트

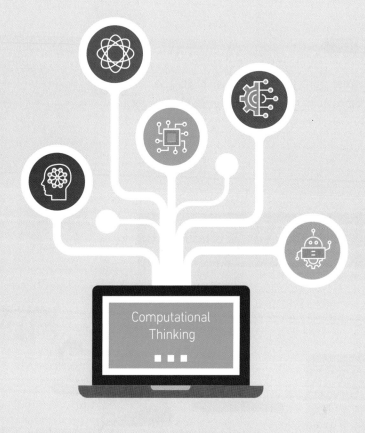

CHAPTER 7

멀티미디어도
숫자로 표현해

1. 디지털 문자의 표현과 압축 방법을 이해할 수 있다.
2. 디지털 이미지와 사운드의 표현과 압축 방법을 이해할 수 있다.

이미지든 동영상이든 모든 정보는 숫자로 변환해서
계산할 수 있어요.

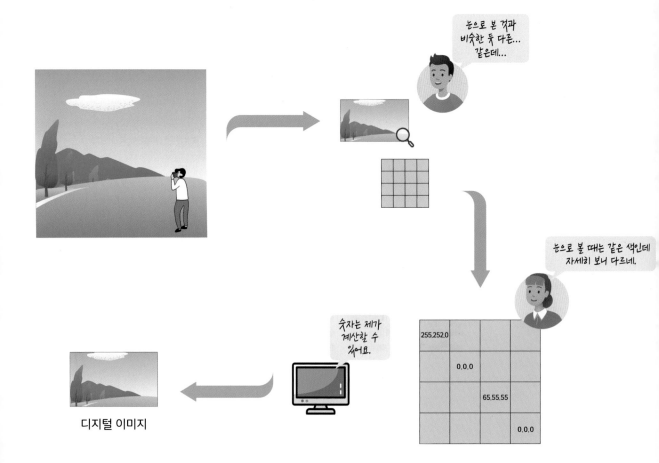

디지털 이미지

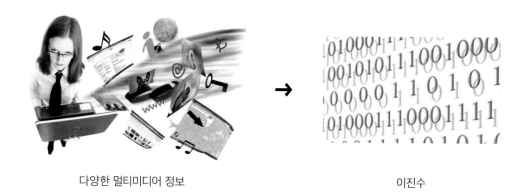

개념 이해

컴퓨터는 숫자, 텍스트, 사운드 이미지, 비디오 등의 다양한 종류의 데이터를 처리한다. 이러한 다양한 정보는 컴퓨터에서 어떻게 처리될까? 자연계에서 만들어지는 정보는 대부분 아날로그 정보이다. 따라서 아날로그 정보는 그 시작과 끝이 명확하지 않고 연속된 형태의 정보이다. 우리 눈에 보이는 자연 환경 속의 색도 무한하고 우리가 듣는 소리들도 연속된 파장의 형태이며 사람이 듣지 못하는 주파수 영역도 상당하다. 이러한 아날로그 정보는 컴퓨터에서 다루기에는 너무 크고 복잡하다.

따라서 컴퓨터는 모든 데이터를 숫자로 바꾸어 처리하기 때문에 이러한 다양한 종류의 데이터도 숫자로 바꾸어 처리되어야 한다.

다양한 멀티미디어 정보   이진수

7.1 문자의 디지털 표현과 압축

아스키 코드(ASCII code)는 문자를 디지털로 표현하기 위해 사용한다. 컴퓨터에서 알파벳 문자를 표현하기 위해 한 글자에 대해 8비트를 할당하여 영어 대문자, 소문자, 숫자, 기호 등을 8비트 숫자들과 매칭해서 나타낸 코드이다. 즉, 'A'를 입력하면 이진수 '01000001'(십진수 '65')로 변환되어 컴퓨터에서 처리된다.

아스키 코드에 의한 문자의 표현

이러한 아스키 코드는 로마자를 나타내기 위한 문자 인코딩 방식으로써 컴퓨터와 통신장비 등에서 텍스트를 표현하기 위해 사용되었다. 처음에 아스키 코드는 로마자, 숫자, 기호 등의 글자 하나당 7비트(2^7=128)를 사용하여 0~127의 숫자를 부여했다. 이후, 아스키 코드로 표현할 수 있는 문자들 외에 추가적인 문자를 지원해야 할 필요성으로 인해 기존 7비트에 1비트를 추가하여 8비트(1 바이트)를 사용한 확장된 아스키 코드가 정의되었다.

아스키 코드

십진수	ASCII	십진수	ASCII	십진수	ASCII	십진수	ASCII
0	NULL	32	SP	64	@	96	`
1	SHO	33	!	65	A	97	a
2	STX	34	"	66	B	98	b
3	ETX	35	#	67	C	99	c
4	EOT	36	$	68	D	100	d
5	ENQ	37	%	69	E	101	e
6	ACK	38	&	70	F	102	f
7	BEL	39	'	71	G	103	g
8	BS	40	(	72	H	104	h
9	HT	41	)	73	I	105	i
10	LF	42	*	74	J	106	j
11	VT	43	+	75	K	107	k
12	FF	44	,	76	L	108	l
13	CR	45	-	77	M	109	m
14	SO	46	.	78	N	110	n
15	SI	47	/	79	O	111	o
16	DLE	48	0	80	P	112	p
17	DC1	49	1	81	Q	113	q
18	SC2	50	2	82	R	114	r
19	SC3	51	3	83	S	115	s
20	SC4	52	4	84	T	116	t
21	NAK	53	5	85	U	117	u
22	SYN	54	6	86	V	118	v
23	ETB	55	7	87	W	119	w

십진수	ASCII	십진수	ASCII	십진수	ASCII	십진수	ASCII
24	CAN	56	8	88	X	120	x
25	EM	57	9	89	Y	121	y
26	SUB	58	:	90	Z	122	z
27	ESC	59	;	91	[	123	{
28	FS	60	<	92	₩	124		
29	GS	61	=	93	]	125	}
30	RS	62	>	94	^	126	~
31	US	63	?	95	_	127	DEL

CAT = 67 65 84 = 1000011 1000001 1010100

그러나 아스키 코드는 128자만을 표현할 수 있으므로 기호나 영어 알파벳을 나타낼 때는 충분하지만, 128자로 한자나 한글과 같은 언어를 다 표현할 수가 없다는 문제점이 있다. 따라서 아스키코드로는 다 표현할 수 없는 세계의 다양한 언어(한국어, 한자어 등)를 표현하기 위해 한 글자를 16비트(2 바이트)로 표현한 유니코드(Unicode)가 등장했다.

유니코드의 사용

이렇게 정보를 디지털로 변환했을 때의 장점은 다음과 같다. 책장에 가득 꽂혀있는 모든 책을 작은 USB에 다 넣어도 넉넉할 정도로 저장 공간을 줄일 수 있으며, 모든 데이터를 숫자로 표현하기 때문에 이를 암호화할 수 있어 아날로그 데이터 보다 안전할 수 있다. 또한, 다양한 프로그램을 사용하면 자료의 수정과 편집을 쉽게 할 수 있으며, 다른 사람과 빠르게 공유할 수 있다. 이러한 정보는 오랜 시간이 지나도 그 품질이 변하지 않도록 할 수 있으며, 데이터가 숫자와 같이 단순한 형태로 저장되므로 데이터 내의 패턴을 찾아 보다 작은 크기로 압축할 수 있다.

데이터 압축은 데이터를 더 적은 비트로 인코딩 하는 과정을 의미한다. 기술이 발전할수록 처리해야 하는 데이터의 양은 폭발적으로 증가하고 있으므로 데이터 압축 기술의 중요성은 날로 강조되고 있다.

이러한 데이터 압축의 목적은 다음과 같다. 먼저, 데이터의 저장 공간을 확보하기 위한 것이다. 컴퓨터로 데이터를 표현 할 때, 압축을 하면 동일한 데이터를 더 적은 비트 수로 표현할 수 있다. 또한, 압축을 하면 네트워크를 통해 데이터를 전송할 때의 시간을 단축시킬 수 있다. 인터넷을 통해 데이터를 전송할 때의 속도는 물리적으로 한계가 있기 때문에 한 번에 전송할 수 있는 비트 수의 한계를 극복하기 위해서는 압축 기술이 필요하다.

압축은 사람의 감각 기관의 한계를 이용하여 불필요한 부분을 제거함으로써 압축하는 손실압축방식과 원본 데이터의 손실없이 압축하는 비손실 압축 방식이 있다. 손실압축은 음악 파일에서 사람이 잘 못 듣는 부분을 잘라내어 압축하고 복원하거나, 이미지 파일에서 원본과 비슷해 보이도록 사람이 인식 가능한 수준에서 색을 제거하여 데이터를 압축하는 등의 방식이다. 반면, 무손실 압축은 특정한 길이를 가진 반복의 실행을 부호화하거나, 연결하는 방식을 통해 원본 데이터를 복구할 수 있도록 한다.

런길이 엔코딩(run-length encoding)는 같은 값이 연속해서 나타날 경우, 반복되는 횟수와 그 해당 값을 이용하여 정보량을 줄이는 방법이다. 이것은 가장 간단한 방식의 압축 기법이다. 아래와 같이 같은 값이 연속해서 나타나면, 반복되는 횟수와 값만 저장하는 것이다. 이런 방식으로 총 정보량을 줄일 수 있다.

$$\boxed{\text{AAAAABBBBBCCCCCCCCCCCCCCC}}$$

$$\boxed{\text{5A6B16C}}$$

그러나 이러한 실행길이부호화는 3번 이상 반복되는 문자가 있어야 효율적이므로 텍스트 데이터에서는 잘 사용되지 않으며, 아이콘, 클립아트, 애니메이션과 같이 배경의 변화가 없고 연속된 값이 많은 그래픽 이미지에 효과적이다.

런길이 엔코딩에 유리한 그래픽 이미지

예를 들어, 흰색 배경에 검정색 텍스트가 있는 이미지에서 검정색 픽셀을 B로, 흰색 픽셀을 W로 표현 한다면 다음과 같을 것이다.

'WWWWWWWBBBBBBBWBBBWWWWWWWWWWBBBBBBBBBBBBBBBBB'

위의 데이터를 런길이 엔코딩으로 압축하면 '7W7B1W3B11W17B'가 될 것이다. 중간에 W 하나가 1W로 2배로 늘었지만 다른 부분에서 반복이 많았기 때문에 전체의 길이는 매우 줄어들게 된다.

LZ 코딩(Lempel-Ziv 코딩)은 동일한 어구가 반복적으로 나타나는 경우에 반복된 어구를 별도로 등록 한 후, 그 반복되는 어구를 사전에 등록한 위치로 연결해서 출력하는 방법이다. 같은 패턴의 문자를 화살표로 연결하여 문자를 압축하기로 한다면 아래와 같을 것이다.

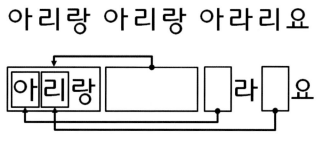

LZ 코딩에 의한 압축 원리

허프만 인코딩(Huffman encoding)은 각 글자의 빈도 수(나타나는 횟수)를 이용한 압축방법으로써 빈도수가 많은 글자에는 짧은 비트를 할당하고 빈도수가 적은 경우에는 긴 비트를 할당함으로써 전체의 비트 수를 줄이는 방법이다.

예를 들어 한 영문 문서의 문자를 압축한다고 한다면, 먼저 문서에 실린 기사에서 각 글자들의 출현 횟수를 분석한다.

그런 후, 많이 등장하는 글자에는 짧은 비트열을 사용하고, 잘 나오지 않는 글자에는 긴 비트열을 사용하여 전체의 크기를 줄인다. 따라서 각각의 글자를 어떤 비트 코드로 표현했는지 알려주는 테이블을 생성해야한다.

예를 들어 e, g, m, o, s의 5개의 글자로만 이루어졌고 각 글자의 빈도 수가 다음과 같다면, 압축 전 총 비트 수(총 빈도 수 × 아스키코드 비트)는 45글자 × 8비트로 360 비트가 필요하다.

글자	e	g	m	o	s
빈도 수	15	12	8	6	4

그러나 아래와 같이 비트 코드를 재할당하고 총 비트 수를 계산하면 100비트로도 표현이 가능하다.

글자	빈도 수	비트코드	비트 수	총 비트
e	15	00	2	15×2=30
g	12	01	2	12×2=24
m	8	11	2	8×2=16
o	6	100	3	6×3=18
s	4	101	3	4×3=12
합계	45			100

TIP 컴퓨팅 사고력을 깊이 있게!

컴퓨터가 처리하는 데이터의 종류는 매우 다양하다. 컴퓨터 데이터는 우리가 자료나 정보로 사용하는 문자, 이미지, 소리, 영상 등의 다양한 멀티미디어 자료를 모두 포함한다. 컴퓨터는 모든 데이터를 숫자(0과 1의 이진수)로 변환하여 처리해야 한다. 그래서 컴퓨터 과학자들은 숫자보다 복잡한 이러한 멀티미디어를 어떻게 숫자로 변환할지 연구했을 것이다.

앞에서 우리는 십진수는 이진수로 이진수는 십진수로 변화하는 방법에 대해 배웠다. 그렇다면 다른 미디어 자료들도 숫자로만 변화시킨다면 컴퓨터가 처리할 수 있을 것이다. 숫자 다음에 우리가 가장 쉽게 많이 접하는 자료형태는 문자이다. 문자는 간단한 기호이거나 그림의 변형이다. 그리고 세계의 각 민족들은 매우 많은 문자를 가지고 있다. 이렇게 다양하고 수많은 문자나 기호를 숫자로 변환하기 위해서는 문자 하나하나에 숫자를 매칭 시키는 방법을 적용하였다.

그러나 간단한 흑백 그림에서 자연의 색을 모두 담은 시각적인 자료들은 어떻게 숫자로 변형시킬 수 있었을까? 파동을 이용한 소리는 어떻게 숫자로 바꿀 수 있을까? 이러한 과정을 상상하고 확인해 가는 과정에서 우리는 컴퓨터과학자들의 논리적이면서도 매우 창의적인 해법을 알아가게 된다. 이러한 자연의 아날로그 자료를 작은 단위로 분해하고 처리하여 디지털로 변환시키는 과정에서 그들의 놀라운 컴퓨팅 사고력을 들여다 볼 수 있다.

또한, 컴퓨터 과학자들은 새롭게 직면하는 다양한 문제 상황에서도 창의적인 기지를 발휘한다. 자연 상태의 아날로그 정보는 단순한 숫자로 표현됨에 따라 그 데이터의 양이 방대해 진다. 그럼에도 사람들은 더욱 선명하고 더욱 빠르게 보이는 화면을 꿈꾸었다. 기술적인 한계로 인해 컴퓨터의 한정된 저장 공간과 제한적인 네트워크의 성능은 그러한 우리의 욕구를 채워주기 위한 컴퓨터 과학자들의 열의를 꺾지 못한다. 그들의 문제 해결방법은 컴퓨팅 중심이며 컴퓨터에 대한 깊은 이해를 바탕으로 한다.

7.2 이미지의 디지털 표현과 압축

숫자로만 정보를 처리하는 컴퓨터가 이미지를 표현하려면 어떻게 해야 할까요? 우리는 이미지를 볼 때 그 전체 모습을 한눈에 파악하지만 컴퓨터는 숫자로만 처리되어야 하면 전체를 한 번에 처리할 수는 없다. 따라서 컴퓨터가 처리 가능한 수준의 작은 부분으로 전체를 분해하여 각각의 작은 부분을 순차적으로 표현하고 처리한다. 따라서 디지털 이미지는 점묘화와 비슷한 원리로 이미지를 작은 점으로 표현한다. 이 작은 점을 0과 1의 숫자로 표현하는 것을 디지털화라고 한다. 이러한 컴퓨터에서 이미지를 표현하는 기본 단위를 픽셀이라고 한다.

비트맵 이미지

이와 같이 2차원 이미지를 점(pixel)로 분해하고 각 픽셀의 색상을 숫자로 표시한다고 할 때, 흑백 이미지의 경우 간단하게 0과 1로 표현할 수 있다. 따라서 0은 불을 끄고(검은 색) 1은 불을 켠다고(흰색) 한다면 아래와 같은 이미지를 만들 수 있다.

이진수	이미지
10001	
01110	
01110	
10000	
11110	
11110	
10001	

이미지를 디지털로 표현하는 방식에는 비트맵 방식과 벡터 방식이 있다. 비트맵 방식은 픽셀들이 모여 이미지를 구성하는 형태로 이미지를 확대할 경우 픽셀이 흐려지는 계단 현상(엘리어싱 효과)이 일어 날 수 있다. 반면, 벡터 방식은 이미지에 필요한 선의 길이 · 색상 · 좌표 값 등을 수식으로 표현하는 방식으로써, 그림만 나타낼 수 있기 때문에 '로고'나 '캐릭터' 등에 주로 사용한다.

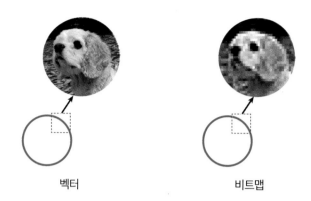

벡터   비트맵

칼라 이미지의 디지털 표현을 위해서는 하나의 픽셀의 값을 표현할 때 0과 1을 표현하는 1 비트가 아닌 2 비트 이상을 사용한다. 예를 들어 4가지 색상을 표현하기 위해서는 4가지 경우(00, 01. 10. 11)를 표현할 수 있는 2비트로 표현하면 된다.

2비트의 색표현

픽셀의 값을 표현할 때, 2개의 비트에 1개의 비트를 더할 때마다 사용할 수 있는 색상 수는 2배가 된다. 따라서 많은 색상을 사용하는 이미지는 비트 수가 많아지고 파일의 용량은 커질 수 밖에 없다.

픽셀당 비트	이진 표현 범위	색상 수
1	0, 1	2
2	00 ~ 11	4
3	000 ~ 111	8
4	0000 ~ 1111	16
...	...	...
8	0000000 ~ 11111111	256
...	...	...
24	24자리	16,777,216

사람은 세상의 모든 색을 볼 수 없다. 사람이 육안으로 인식할 수 있는 색상의 수는 약 100,000,000가지이다. 따라서 단 24비트면 사람이 인식할 수 있는 거의 모든 색을 표현할 수 있다. 여기에 투명도를 표현하기 위한 8비트를 더해서 일반적으로 색상표현을 위해 32비트를 사용한다.

사람이 안구에 빛이 들어오면 3개의 원추세포라고 하는 자극체를 통해 가시광선 중에서 붉은 계열의 장파장, 녹색 계열의 중파장, 푸른 계열의 단파장을 받아들인다. 이 세 가지 색을 조합으로 우리가 색을 구분할 수 있는 것인데, 이러한 원리를 컴퓨터에 적용한 것이 RGB 방식이다. RGB 방식은 색상을 나타내는 일반적인 방법으로 각 픽셀의 색상을 빛의 삼원색인 빨강, 초록, 파랑인 R, G, B로 표시하는 방식이다. (R: Red, G: Green, B: Blue)

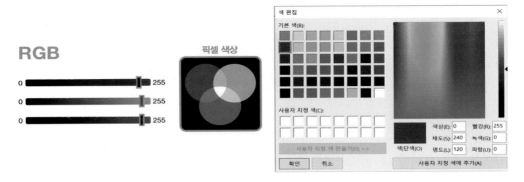

RGB의 표현

또한, 해상도는 하나의 이미지를 몇 개의 픽셀로 표현했는가에 따라서 달라진다. 즉, 정해진 규격 안에 픽셀이 많을수록 화질은 좋아진다. 따라서 이미지는 해상도에 따라 픽셀의 개수가 달라지므로 저해상도 이미지는 픽셀의 개수가 적고, 고해상도 이미지는 픽셀의 개수가 많다. 그러나 고해상도가 될 수록 파일 크기는 커지게 된다.

이미지를 압축하는 방식은 아래와 같이 왼쪽 이미지를 런길이 엔코딩 방식으로 압축한다면 첫번째 숫자는 흰색의 개수이고 두번째 숫자는 검은색의 개수로 표현할 수 있다(첫 칸이 검정색이면 0으로 표시). 이는 0과 1로 표현한 것보다 더 적은 용량을 가질 수 있다.

이미지(숫자 9)	압축코딩
	1, 3, 1
	0, 1, 3, 1
	0, 1, 3, 1
	1, 4
	4, 1
	4, 1
	1, 3, 1

7.3 사운드의 디지털 표현과 압축

보통 아날로그 사운드는 입력 신호가 파형의 형태로 매체에 저장 된다. 카세트 테이프 레코더에서는 마이크에 전달되는 음파를 아날로그 파형으로 테이프에 저장한다.

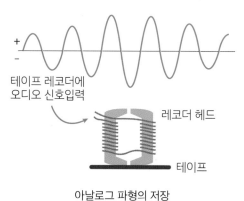

아날로그 파형의 저장

이러한 아날로그 데이터를 컴퓨터는 숫자로 바꿔야하기 때문에 사인파와 같은 사운드 신호에 대한 샘플링을 거쳐 디지털 데이터로 만든다. 샘플링을 할 때는 잡음에 영향을 주는 샘플링 비율(sampling rate)과 음의 섬세함에 영향을 주는 샘플링 사이즈(sampling size/bit rate)에 따라 음질의 차이가 난다.

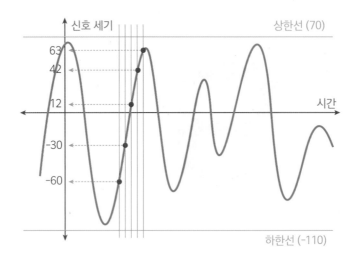

샘플링 비율과 샘플링 사이즈

샘플링 비율은 아래와 같이 음파를 1초에 몇 번 측정해서 데이터화 했는가에 의해 결정된다. 보통 44.1 kHz 정도면 CD음질정도로 인간의 가청 주파수 대역을 충족할 수 있다.

8 kHz	1초에 8천번 측정
44.1 kHz	1초에 44,100번의 측정 (CD음질)
48 kHz	1초에 48,000번의 측정 (DVD음질, 무선 HDTV)
96 또는 192 kHz	라이브, 녹음 mixing, 슈퍼 CD, DVD 오디오…

샘플링 사이즈는 측정된 소리의 전체 규모 및 최대값을 의미한다. 이는 음의 섬세한에 영향을 미치기 때문에 메탈과 같은 음악보다는 클래식과 같은 음악의 샘플링 사이즈가 더 중요하게 작용할 것이다.

4bit	소리의 크기를 16 단계로 나눔
16bit	소리의 크기를 65,536단계로 나눔 (CD)
24bit	HDTV

따라서 우리가 소리의 품질을 선택해야 한다면 이러한 샘플링 Hz단위의 비율과 bit 단위의 샘플링 사이즈를 기준으로 해야할 것이다. 보통 16bit, 44.1 kHz이라면 보통의 CD음질로써 사람이 듣기에 충분한 범위일 것이다.

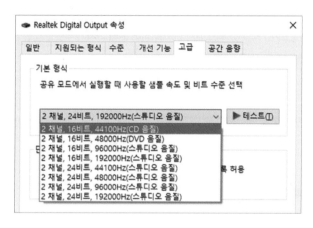

소리 품질 선택의 예

소리 파일도 그 용량이 상당하므로 다양한 압축 기술을 이용해 사람이 구분하지 못하는 범위 내에서 음질은 지키고 용량은 줄이는 시도를 할 수 있다. 압축하지 않은 상태의 소리 파일은 wave 형식이다. 이러한 소리 파일을 압축하기 위해 FLAC 형식의 비손실 압축 방식과 mp3와 같은 손실 압축 방식이 있다.

소리파일의 손실 압축은 사람들이 손실이 되도 차이를 느끼지 못하는 부분을 삭제하는 방식이다. 예를 들어 128kbps의 경우 원음의 1/10로 용량이 줄어들 수 있으며 되돌릴 수 없다. 이러한 압축 방식은 클래식이나 재즈와 같은 민감한 음악에는 부적합할 것이다.

디지털 문자 표현과 압축

■ 활동안내

1. [문자압축] '강강술래' 가사에서 같은 글자 패턴은 박스로 표현하여 연결하여 가사를 압축해 본다.
2. [압축풀기] 화살표가 가리키는 박스에서 단서를 얻어 원래 가사가 무엇인지 완성해 본다.

1. 문자 압축 방식인 LZ 코딩방식으로 다음 글을 압축해 보시오. 화살표는 항상 글의 앞 부분을 가리켜야 합니다.

> 1. 강강술래 강강술래
>
>   전라도 우수영은 강강술래
>
>   우리 장군 대첩지라 강강술래

2. 같은 글자 패턴을 박스로 표현하면 아래 그림처럼 많은 글자와 단어가 보이지 않는다. 사라진 글자와 단어를 채워 올바르게 완성해 보자. 화살표가 연결된 상자에서 단서를 얻을 수 있다.

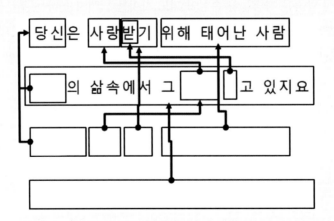

디지털 아트

■ 원의 다양한 색깔과 크기 변화를 이용한 디지털 아트 작품을 만들어 봅시다.

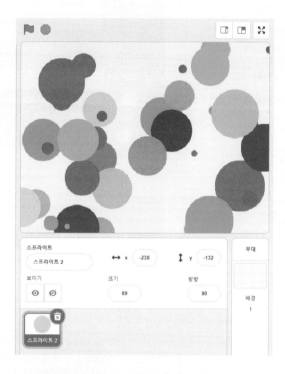

문제분해	필요변수	패턴인식/추상화
1) 배경 바꾸기		**무한반복하기**
2) 위치 바꾸기	위치	랜덤 위치이동
3) 색깔 바꾸기	색깔	랜덤 색깔변화
4) 크기 바꾸기	크기	랜덤 크기변화
5) 소리내기		랜덤 배경색변화

객체	알고리즘	자동화
공	무한반복하기 　　랜덤 배경변화(신호) 　　소리 재생하기 　　도장찍기 　　랜덤 위치이동 　　랜덤 색깔변화 　　랜덤 크기변화	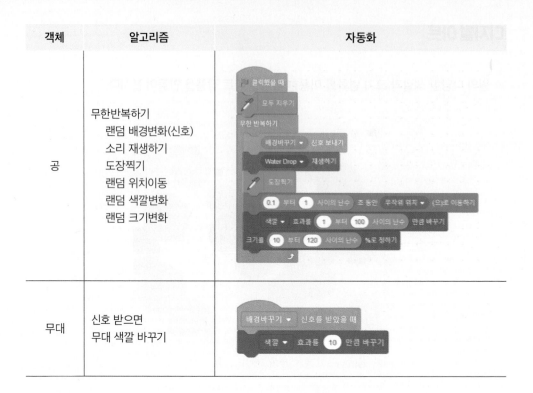
무대	신호 받으면 무대 색깔 바꾸기	

프로그래밍 해보기

[공]

화면 초기화
• 모든 그림 지우기

배경 바꾸기 신호보내기
• 무한반복으로 배경바꾸기 신호보내기
• 소리내기

랜덤하게 모양찍기
- 복사본 만들기
- 랜덤 위치로 이동
- 랜덤 색깔로 바꾸기
- 랜덤 크기로 바꾸기

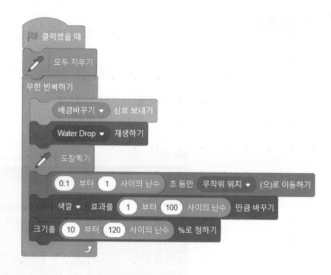

[무대]

신호 받아 배경 바꾸기
- 배경 색깔효과를 10씩 바꾸기

디버깅

드럼연주

- 드럼연주가 8초 동안 계속되도록 해주세요. 현재는 조금만 연주하고 끝납니다. 드럼연주를 8초 동안 연주하도록 수정하시오.

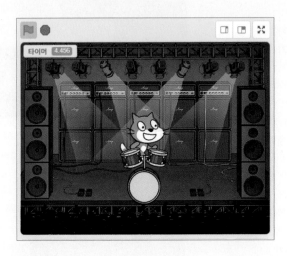

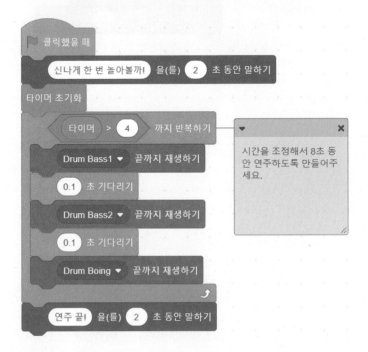

1. 문자 표현 방식에 대한 설명으로 잘못 된 것은?

   ① 아스키코드는 최대 127개의 문자를 표현할 수 있다.

   ② ASCII 코드는 한 개의 글자를 나타낼 때 8비트를 사용한다.

   ③ 컴퓨터는 ASCII 코드와 유니코드를 사용하여 문자를 표현한다.

   ④ 유니코드는 16비트로 전 세계 대부분의 언어를 표현 할 수 있다.

   ⑤ 컴퓨터는 문자 표현을 위한 숫자 값을 대입한 코드표를 사용한다.

2. 아래 런길이 압축방식에 따라 주어진 데이터가 어떠한 결과를 얻는지 아래 표에 표시하시오.

   (1) w는 공백, b는 색채움 이다. 색을 칠하시오.

3w2b3w								
2w4b2w								
1w6b1w								
8b								
1w1b4w1b1w								
1w1b1w1b2w1b1w								
1w1b1w1b2w1b1w								
1w1b1w1b2w1b1w								
8b								

   (2) 홀수 번째는 흰색 칸의 수, 짝수 번째 숫자는 검은색 칸의 수로 표시하여 이미지를 숫자로 바꾸시오.

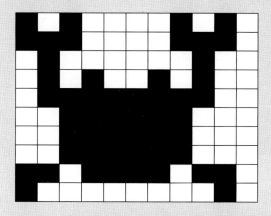

3. 멀티미디어 데이터 압축의 장점이 아닌 것은?

　① 데이터 처리 시간을 줄일 수 있다.

　② 데이터 저장 공간을 줄일 수 있다.

　③ 인터넷을 통한 비트 전송 한계와 무관하다.

　④ 인터넷 속도의 물리적 한계를 극복할 수 있다.

　⑤ 동일한 데이터를 더 적은 비트로 표현할 수 있다.

4. 다음과 같은 압축 방식을 무엇이라고 하는가?

aaaaabbbnnnnddddddds → 5a3b5n7d1s

　① 런길이 엔코딩　　　　　　　　② 허프만 엔코딩

　③ LZ 엔코딩　　　　　　　　　　④ 산술 엔코딩

　⑤ ZIP 엔코딩

5. 픽셀당 8비트로 표현할 수 있는 색상 수는 몇 가지인가?

　① 8　　　　　　　　　　　　　　② 16

　③ 128　　　　　　　　　　　　　④ 256

　⑤ 1024

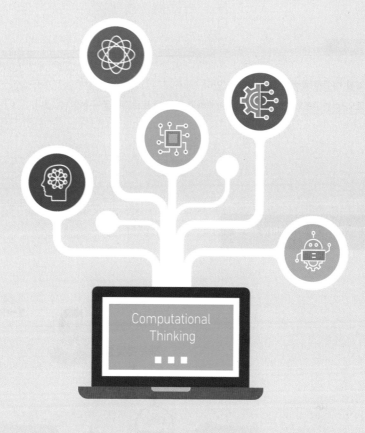

Computational
Thinking

• • •

CHAPTER 8

알고리즘은
순서가 중요해

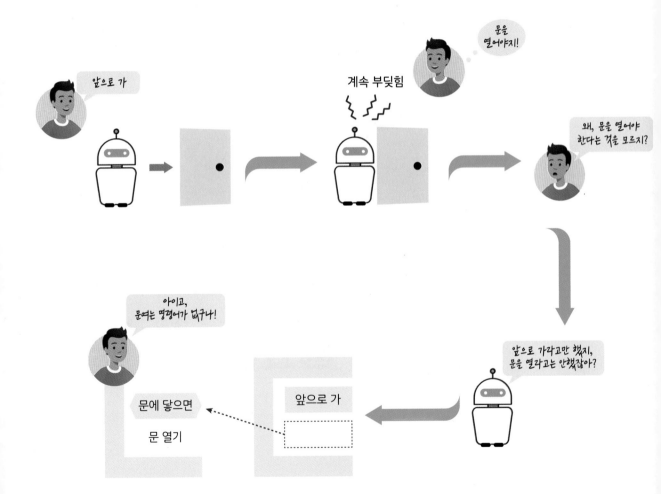

학습목표

1. 알고리즘을 다양한 방법으로 표현할 수 있다.
2. 알고리즘의 순차구조와 변수의 개념을 이해하고 간단한 프로그램을 구현할 수 있다.

알고리즘은 절차가 정확해야 해요.

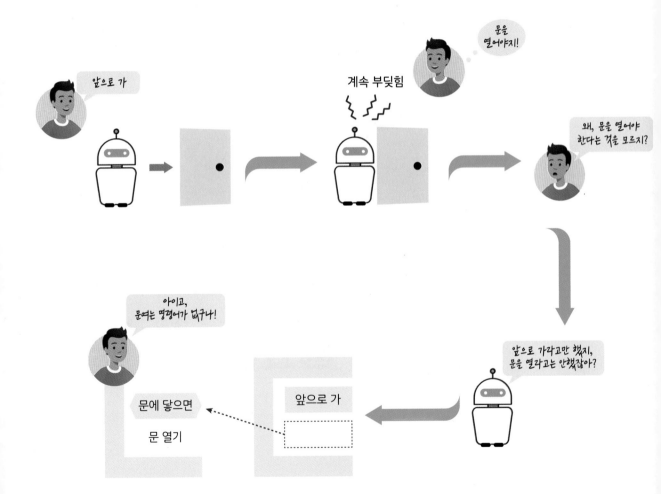

8.1 알고리즘의 3가지 제어구조

알고리즘을 작성하기 위한 구조는 순차, 선택, 반복의 세 가지 구조가 있다. 순차는 알고리즘이 명령어를 나열한 순서대로 실행는 것이고, 선택구조는 조건에 따라 둘 중 하나를 선택하여 실행하도록 하는 것이며, 반복구조는 동일한 명령어를 반복 실행하도록 하는 것이다. 이러한 알고리즘을 프로그래밍 언어를 이용하여 구현하면 컴퓨터 프로그램이 된다.

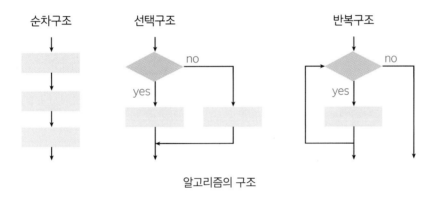

알고리즘의 구조

프로그램은 명령의 순서대로 실행되는 특징이 있으며 이것이 순차구조이다. 따라서 우리가 원하는 대로 실행시키기 위해서는 명령의 순서가 매우 중요하다. 예를 들어, 다음 두 개의 코드는 같은 명령어로 만들어졌지만 그려진 삼각형의 위치가 다른 것을 볼 수 있다. 이는 a는 삼각형을 그리는 코드부분에서 회전을 먼저하고 직선을 그리도록 명령하는 과정을 반복하고 있고, b는 직선을 먼저 그리고 회전을 하도록 하는 명령으로 되어 있기 때문이다. 이와 같이, 같은 명령일지라도 코드의 순서에 따라서 그 결과가 다르기 때문에 우리가 원하는 정확한 결과 값을 출력하기 위해서는 정확한 순서대로 명령을 하도록 해야 한다.

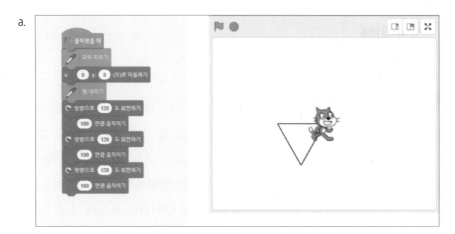

회전 후 변 그리기

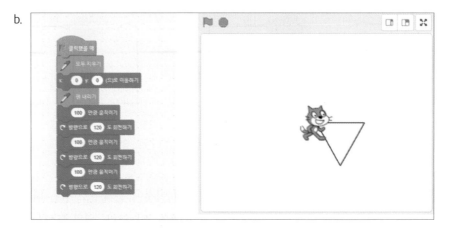

변 그리기 후 회전하기

8.2 알고리즘의 표현

알고리즘은 자연어, 순서도, 의사코드 등과 같이 여러 가지 방법으로 표현할 수 있다. 이러한 방법으로 알고리즘을 기술하면 특정 프로그래밍 언어에 국한되지 않기 때문에 어떤 프로그래밍 언어로도 구현이 가능하다.

자연어는 사람의 언어와 비슷한 형태로 일의 순서를 표현하는 방법이다. 그래서 알고리즘을 누구나 쉽게 작성할 수 있으며 일의 순서를 자세히 문장으로 표현함으로써 개략적인 내용을 파악할 수 있다. 그러나 절차의 구조를 체계적으로 파악하기 어렵다는 단점이 있다.

순서도는 도형과 화살표를 이용하여 알고리즘을 표현하는 방법이다. 플로우챠트(flow-chart) 또는 흐름도라고도 한다. 순서도는 알고리즘에서의 작업 순서를 처리 유형별로 여러 가지 약속된 모양의 도형으로 그리고 일의 순서대로 화살표로 연결하여 표현한다. 그렇기 때문에 이러한 순서도를 수정하거나 추가하는 작업이 쉽지 않다. 또한, 알고리즘이 복잡해지면 표현하기가 힘들어진다는 단점이 있다.

기호	명칭	용도
	터미널	순서도의 시작과 끝 표시
	판단	예/아니오 판단을 위한 조건 표현
	입출력	데이터의 입력과 출력 표현
	처리	연산 등의 처리내용 표현
반복조건	순환반복	조건을 만족하면 반복
	흐름선	알고리즘이 진행되는 방향 표현

의사 코드는 슈도코드(pseudo-code) 또는 의사코드라고도 하며, 명령어를 간단한 한글이나 영어로 일의 순서를 한 줄씩 적어 표현하는 방식이다. 이러한 의사코드는 자연어보다는 보다 더 간결하게 알고리즘의 핵심 부분을 구조적으로 표현할 수 있고 프로그래밍 언어보다는 작성하기가 더 쉽기 때문에 주로 많이 사용되는 방법이다. 의사코드 작성 시에는 단일 명령단위로 한 줄씩 간략히 작성하도록 하며, 연산이나 변수 입력 방식 등은 간단한 수식이나 기호로 처리할 수 있다. 또한, 조건문이나 반복문 사용 시 내포된 내용은 들여쓰기를 사용하여 포함관계가 구조적으로 표현될 수 있도록 한다.

다음과 같이 학생 10명의 성적의 평균 계산에 대하여 세 가지 방식으로 알고리즘을 표현할 수 있다.

자연어	순서도	의사코드

10명의 성적을 차례로 입력하면서 누적하여 합산하고 최종 합산 값을 10으로 나누어 평균을 구하여 출력한다.	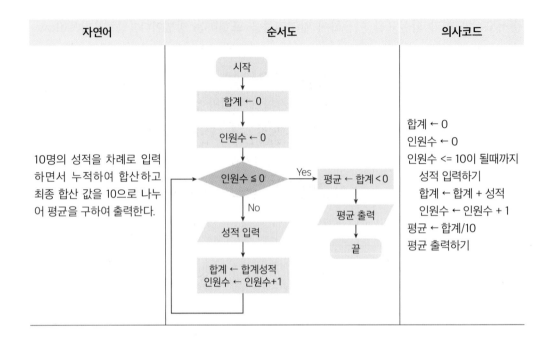	합계 ← 0
		인원수 ← 0
		인원수 <= 10이 될때까지
		  성적 입력하기
		  합계 ← 합계 + 성적
		  인원수 ← 인원수 + 1
		평균 ← 합계/10
		평균 출력하기

8.3 변수의 이해

알고리즘을 표현하기 위해서는 알고리즘에서 사용되는 변수에 대해 먼저 이해해야 한다. 변수는 알고리즘에서 처리해야하는 변하는 수치 값들을 저장해 두는 공간이다. 이러한 변수는 컴퓨터의 메모리 안에 생성되어 임시로 수치 값들을 저장한다. 변수는 특정한 이름으로 지정하여 변수에 수치 값을 입력 받고 수식에서 변수를 이용하여 연산을 하고 처리하여 최종 변수의 값을 출력할 수 있다. 변수의 이름은 해당 수치 값을 잘 드러낼 수 있는 단어의

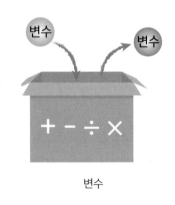

변수

형태로 표현하는 것이 알고리즘을 보다 명확히 이해하는데 도움이 된다.

예를 들어 '점수'라는 변수를 만들어 그 변수에 10을 입력해야 한다면, 왼쪽 화살표(←)를 사용하여 오른쪽의 10의 값을 왼쪽에 있는 '점수' 변수에 저장한다고 아래와 같이 표현할 수 있다.

점수 ← 10

또한, '점수' 변수의 값에 100을 더하여 '점수'라는 변수에 누적한다면 아래와 같다.

점수 ← 점수 + 100

컴퓨터에서는 아래와 같이 작성의 편의성을 위해 수학에서 사용하는 연산 기호와는 다른 연산 기호를 사용한다.

수학 연산 기호	+	-	×	÷
컴퓨터 연산 기호	+	-	*	/

다음 그림과 같이 '점수' 변수의 값은 처음에는 35로 저장되었다가 10을 더해 45로 바뀌었다가 20을 빼어 25로 바뀌게 되어 최종적으로 25가 출력된다.

의사코드	코드

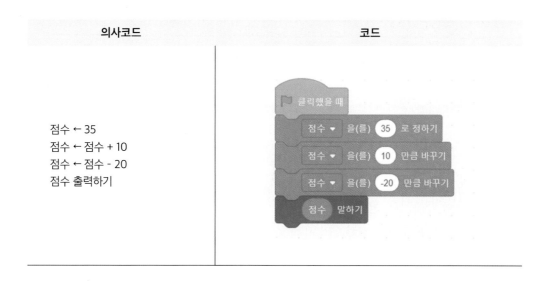

점수 ← 35
점수 ← 점수 + 10
점수 ← 점수 - 20
점수 출력하기

변수를 사용하면 프로그램의 활용이 높아지고 더 유연해진다. 예를 들어 결재 금액에 따른 주유량을 계산해 주는 프로그램을 만든다면 다음과 같은 두 가지 방법을 생각해 볼 수 있다.

리터당 주유 금액을 1200원으로 가정하고 알고리즘을 작성하면 시시각각 변동되는 리터당 주유금액을 반영하기 어렵다. 그러나 '리터당금액'이라는 변수를 사용하면 실시간으로 변하는 리터당 주유금액을 반영할 수 있다. 또한, 내가 주유하고자 하는 금액을 입력할 수 있다면 다양한 값을 입력하여 최종 주유되는 리터값을 구할 수도 있다.

변수를 덜 사용하면	변수를 더 사용하면
투입금액 ←50000 리터 ← 투입금액 / 1200 리터 출력하기	리터당금액 입력하기 투입금액 입력하기 리터 ← 투입금액 / 리터당금액 리터 출력하기

명령의 달인

[활동 이해]

■ 설명에 따라 그리기

1. 종이의 중앙에 점을 그립니다.
2. 중앙에 그린 점을 지나도록 왼쪽 위에서부터 오른쪽 아래 모서리에까지 직선을 그립니다.
3. 중앙에 그린 점을 지나도록 왼쪽 아래에서부터 오른쪽 위 모서리까지 직선을 그립니다.
4. 종이의 왼쪽 중앙에 있는 삼각형 안에 자신의 이름을 크게 적습니다.

■ 명령의 달인 활동

1. 짝을 지어 활동한다.
2. 한명이 먼저 하나의 QR코드를 골라 스마트폰으로 찍어 그림을 확인하시오.
3. 그 그림을 상대방이 그대로 그릴 수 있도록 말로 설명하시오.
4. 상대 친구는 그 설명을 들으며 그림을 그리시오.
5. 그림을 그리는 친구는 설명하는 친구에게 질문을 할 수 없다.

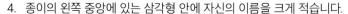

명령어의 이해	명령의 달인	

요소	설명	QR코드
반복. 변수		
반복, 증가값, 변수		

변수와 순차구조

1. 가로와 세로의 두 수를 입력 받아 사각형의 면적 구하기

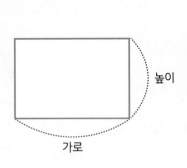

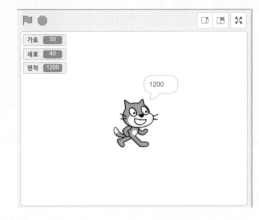

문제분해	필요변수	패턴인식/추상화
가로와 세로 값 입력받기 사각형의 면적구하기 면적 출력하기	_____, _____, 면적	넓이 = 밑변 × 높이

알고리즘	자동화

나이, 세로, 면적 초기화
_____, _____ 입력하기
면적 ← _____
면적 출력하기

프로그래밍 해보기

변수 초기화
'가로' 변수에 0 저장하기
'세로' 변수에 0 저장하기
'면적' 변수에 0 저장하기

수 입력하기
-'가로' 값 입력하기
-'세로' 값 입력하기

면적 계산하고 출력하기
-'면적' 계산하기 (가로×세로)
-'면적' 출력하기

2. 태어난 해를 입력하면 현재 년도 기준으로 몇 살인지 출력하기

문제분해	필요변수	패턴인식/추상화
태어난 해 입력하기 현재 년도 입력하기 현재 나이 계산하기 나이 출력하기	_____, _____, 면적	나이 = 현재 년도-태어난 해+1

알고리즘

나이, 태어난해, 현재년도 초기화
태어난 해 입력받기
현재년도 입력받기
나이 ← 현재년도 - 태어난 해 + 1
나이 출력하기

자동화

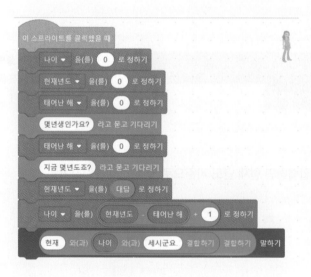

프로그래밍 해보기

변수 초기화
'나이' 변수에 0 저장하기
'현재년도' 변수에 0 저장하기
'태어난 해' 변수에 0 저장하기

값 입력하기
-'태어난 해' 입력하기
-'현재년도' 입력하기

나이 계산하고 출력하기
'나이' 계산하기
'나이' 출력하기

청소로봇 시간

■ 청소로봇을 10초 동안 작동하게 만들고 싶습니다. 현재는 로봇청소기가 5초가 될 때까지만 움직
  입니다. 10초까지만 돌아다니며 청소 후 10초가 지나면 '청소 끝!' 이라고 말하도록 수정하시오.

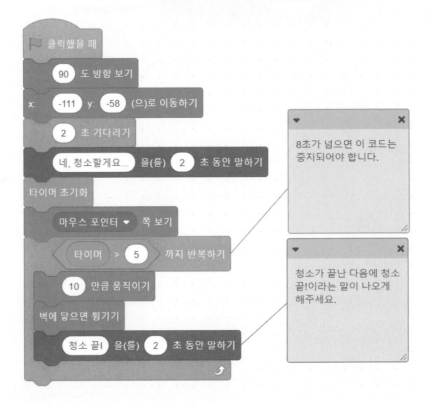

1. 아래와 같은 알고리즘에서 x=1, y=2, z=3으로 입력되었다면 최종 x, y, z의 값은 무엇인가?

```
x, y, z 입력하기
x ← x + 7
y ← y + x
z ← z * 2
x ← z + y
출력하기 x, y, z
```

2. 왼쪽과 같은 삼각형을 그리기 위해 오른쪽의 코드 다음에 올 명령을 순서대로 맞게 제시한 것은?

```
ㄱ 100만큼 움직이기
ㄴ 시계방향으로 60도 만큼 회전하기
ㄷ 시계방향으로 120도 만큼 회전하기
```

① ㄱ － ㄷ － ㄱ － ㄷ － ㄱ － ㄷ   ② ㄷ － ㄱ － ㄷ － ㄱ － ㄷ － ㄱ

③ ㄴ － ㄷ － ㄴ － ㄷ － ㄴ － ㄷ   ④ ㄷ － ㄴ － ㄷ － ㄴ － ㄷ － ㄴ

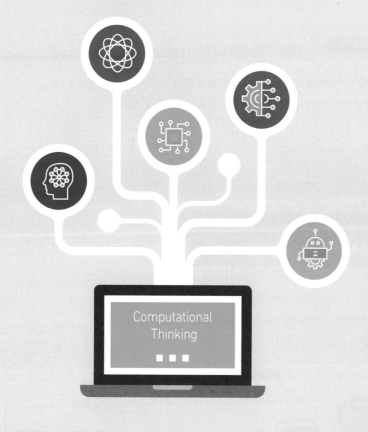

CHAPTER 9

조건에 따라
결과가 달라져

1. 알고리즘의 선택구조의 개념에 대해 이해할 수 있다.
2. 다양한 문제에서 선택구조를 활용한 알고리즘을 설계할 수 있다.

어떤 조건을 결정하면 결과가 달라지는구나.
조건을 명확하게 설정해야 겠어.

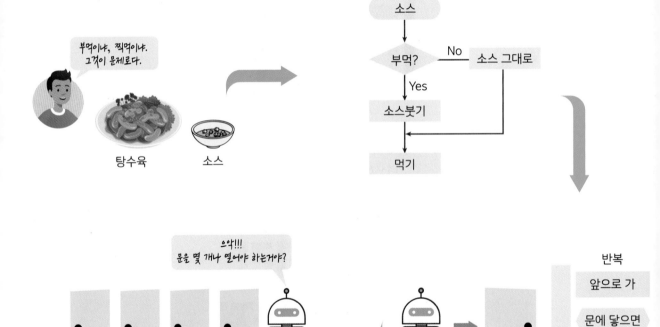

개념 이해

9.1 선택구조의 개념

일상생활에서 '~하면, ~할거야.'와 같은 형태의 구조를 '선택구조'라고 한다. 컴퓨터에서는 이러한 선택 구조를 조건문으로 표현하고, IF(만약)와 ELSE(그렇지 않으면)를 사용해서 하나의 조건에 대해 참, 거짓(true or false)의 두 가지로 나뉘어 판단하여 실행한다. 즉, 선택 구조는 조건을 제시하고 그 조건에 만족하느냐 아니냐에 따라 각각 다른 명령을 수행하도록 하는 제어구조이다. 예를 들어 물체가 인식되면 자동으로 동작하는 자동문이나 센서등과 같이 선택구조는 특정한 상태에 따라 판단 할 수 있게 한다. 따라서 이러한 선택구조는 외부의 상태에 따라 반응을 하도록 상호작용하는 프로그램을 만들기 위한 기능 중 하나이다.

- 날씨가 좋으면 산행을 가자.
- 내가 게임에서 지면 밥을 사줄게.
- 내 동생이 크면 나보다 키가 크겠네.
- 문 앞에 가까이 가면 문이 열린다.
- 사과를 하나씩 넣다가 10개 이상 되면 그만 담아라.

선택 구조를 의사코드로 표현 할 때는 조건문 아래에 Yes 또는 No 구분과 해당 실행될 명령들을 충분히 들여쓰기 하여 조건에 따라 실행되어야 하는 명령을 다른 명령들과 구분될 수 있도록 작성한다. 의사코드에서 들여쓰기로 선택구조를 표현해 주지 않으면 어디까지 조건에 따른 명령의 블록인지 알아보기 어렵게 된다. 또한, Yes나 No에 해당하는 명령도 Yes와 No에 포함관계가 드러나도록 들여쓰기 한다. 예를 들어 아래와 같이 수를 입력받아 짝수인지 홀수인지 판별하는 프로그램에서 조건에 따라 Yes와 No의 명령은 조건문보다 들여쓰기하여 다른 명령들과 구분하여 주어야 한다.

들여쓰기를 사용한 표현	들여쓰기를 사용하지 않은 표현
출력하기 "수를 입력하시오.:" 수 입력하기 만약 수를 2로 나눈 나머지 = 0 이라면 　　Yes "짝수" 출력하기 　　No "홀수" 출력하기	출력하기 "수를 입력하시오.:" 수 입력하기 만약 수를 2로 나눈 나머지 = 0 이라면 Yes "짝수" 출력하기 No "홀수" 출력하기

9.2 선택구조의 종류

선택구조는 다음과 같이 세 가지 유형이 있다. 조건에 대해 참일 경우에만 명령을 실행하거나, 조건에 대해 참일 경우와 거짓일 경우의 두 가지 경우에 대해 명령을 실행하도록 할 수 있다. 그러나, 조건의 기준이 2가지 이상의 경우일 경우에는 조건문을 중첩하여 사용해야 한다. 이는 앞에서 배웠듯이 컴퓨터가 참 또는 거짓을 나타내는 0과 1을 이용하여 처리하는 불리언(Boolean) 방식을 사용하기 때문이다.

유형	블록형 코드	의미	예시
단일 조건문		조건을 만족할 때만 명령을 실행하는 형태	만약 점수가 10이하라면 움직여라.
		조건을 만족할 때와 그렇지 않을 경우 서로 다른 명령을 실행하는 형태	만약 점수가 10이하라면 움직이고, 그렇지 않으면 멈춰라.
중첩 조건문		여러 조건 중에 하나를 선택해서 실행하는 형태	만약 점수가 10이하라면 움직이면 움직여라. 그렇지 않고 만약 점수가 20이하이면 멈추고, 아니라면 뛰어라.

선택구조 카드게임

출처: code.org

■ 선택구조 카드게임 활동하기

1. 2명씩 짝을 만든다.
2. 랜덤으로 카드를 뒤집어 주는 앱을 준비한다.
3. 주어진 조건문을 해석하고 점수를 계산한다.
4. 자신의 조건문 해석이 맞는지 친구와 상의한다.
5. 최종까지 가장 점수를 많이 얻은 사람이 이긴다.

1. 다음 조건문에 따라 카드 놀이를 해봅시다.

> 1. 만약 내가 뒤집은 카드가 "다이아몬드"라면
>   내가 1점을 얻습니다.
>   아니라면 상대방이 1점을 얻습니다.
> 2. 만약 내가 뒤집은 카드가 5보다 큰 숫자라면
>   내가 1점을 얻습니다.
>   아니라면 상대방이 1점을 얻습니다.

※ 게임 방법 예: 다음과 같이 카드가 뽑혔다면 위의 조건문에 의해 나와 상대의 점수를 매길 수 있다.

점수 \ 라운드	나 1	상대 2	나 3	상대 4	합계
나	0	1	1	0	2
상대	2	1	1	2	6

점수 \ 라운드	나 1	상대 2	나 3	상대 4	합계
나					
상대					

합격판별하기

■ 성적을 입력받아 점수가 60점 초과일 경우에만 합격으로 판별하는 알고리즘

문제분해	필요변수	패턴인식/추상화	
1) 성적 입력받기 2) 합격여부 판별 3) 합격여부 출력	점수	조건	점수 > 60
		Yes	
		합격	

알고리즘	자동화

점수 입력하기
만약 점수 > 60 이라면
    Yes "합격" 출력하기

프로그래밍 해보기

변수 초기화
-"점수' 변수에 0 저장하기

입력하기
-'점수' 값 입력하기

합격 여부 판별하고 출력하기
- 60점 초과면 '합격' 출력

짝수와 홀수 판별하기

■ 입력된 수가 짝수인지 홀수인지 판별하는 알고리즘

문제분해	필요변수	패턴인식/추상화
1) 수 입력하기 2) 짝수/홀수 판별 3) 출력하기	수	짝수 : 2로 나눈 나머지 = 0

조건	수를 2로 나눈 나머지 =0
Yes	No
짝수	홀수

알고리즘	자동화

수 입력하기
만약 수를 2로 나눈 나머지 = 0 이라면
      Yes "짝수" 출력하기
      No "홀수" 출력하기

프로그래밍 해보기

변수 초기화 후 입력하기
- '수' 변수에 0 저장하기
- '수' 값 입력하기

짝홀 여부 판별하고 출력하기
- 수를 2로 나눈 나머지가 0이면
- '짝수' 출력
- 그렇지 않으면 '홀수' 출력

여행 장소 추천하기

■ 여행 예산에 따른 여행 장소 추천 프로그램

예산	추천 여행
100만원 초과	해외 여행
50만원 초과 ~ 100만원 이하	제주 여행
50만원 이하	기차 여행

문제분해	필요변수	패턴인식/추상화			
1) 수 입력하기 2) 짝수/홀수 판별 3) 출력하기	예산	조건	예산 > 100		
		Yes	No		
		해외여행	조건		예산 > 50
			Yes		No
			제주여행		기차여행

알고리즘	자동화

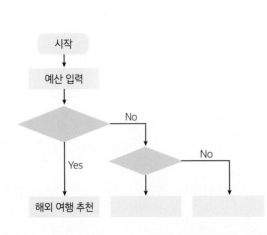

프로그래밍 해보기

변수 초기화 후 입력하기
'예산' 변수에 0 저장하기
'예산' 값 입력하기

조건에 따른 출력하기
- 예산이 100만원 초과는 해외 여행 출력

- 예산이 50만원 초과는 제주 여행 출력
- 예산이 50만원 이하는 해외 여행 출력

점프하기

■ 친구가 점프하도록 만들어 주세요. 친구가 점프하고 내려와야 하는데, 위로 올라가고 내려오지
  않습니다. 친구가 점프하도록 올라갔다가 내려오게 수정하시오.

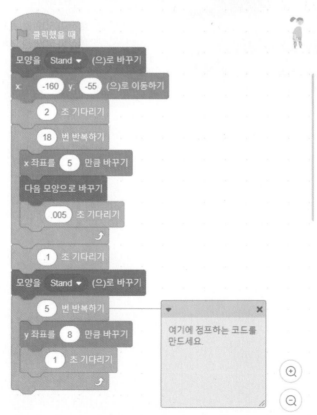

도너츠 나눠주기

- 도넛츠를 5명으로 구성된 3모둠의 친구들에게 나눠줄 수 있도록 5조각씩 3줄로 나열되도록
  수정하시오.

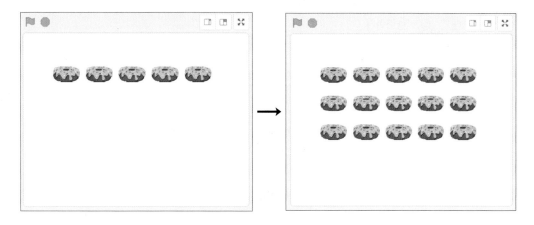

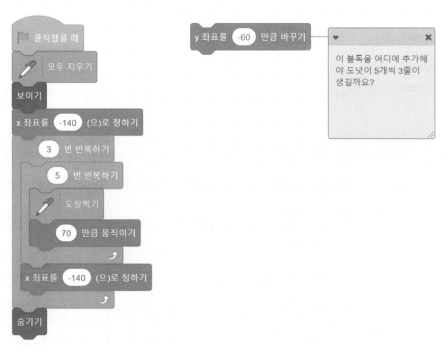

1. 다음 짝수와 홀수를 판별하는 알고리즘에서 빈칸 ㉠, ㉡, ㉢ 에 알맞은 내용을 순서대로 나열한 것은?

> 정수 입력하기
>
> 만약 (정수를 ___㉠___ 나눈 나머지) = 0 이라면
>
> > 예, " ___㉡___ "출력하기
> >
> > 아니오, " ___㉢___ "출력하기

① 3, 짝수, 홀수   ② 2, 홀수, 짝수

③ 2, 짝수, 홀수   ④ 1, 홀수, 짝수

⑤ 1, 짝수, 홀수

2. 키위의 당도를 입력받아 20 이상이면 '판매가능', 미만이면 '주스가공'으로 구분하도록 출력하기 위한 알고리즘에서 빈칸 ㉠, ㉡, ㉢ 에 알맞은 내용을 순서대로 나열한 것은?

> 당도 입력하기
>
> 만약 _____㉠_____ 이라면
>
> > yes " _____㉡_____ " 출력하기
> >
> > no " _____㉢_____ " 출력하기

① 당도 〉20, 판매가능, 주스가공   ② 당도 〉= 20, 주스가공, 판매가능

③ 당도 〈 20, 주스가공, 판매가능   ④ 당도 〈= 20, 주스가공, 판매가능

⑤ 당도 = 20, 주스가공, 판매가능

3. 내가 뽑은 카드가 다음과 같을 때 다음 조건의 결과 값으로 바른 것은?

> 만약 내가 뒤집은 카드가 홀수라면
> 　　　내가 **3점**을 얻습니다.
> 　　　아니라면 상대방이 **3점**을 얻습니다.
> 만약 내가 뒤집은 카드가 다이아몬드라면
> 　　　내가 **-2점**을 얻습니다.
> 　　　아니라면 상대방이 **-2점**을 얻습니다.

	①	②	③	④	⑤
나	3	-2	0	3	-2
상대	-2	3	1	1	1

4. 아래 표의 우측은, 구매금액에 따른 배송료를 알려주기 위한 프로그램 구현하기 위한 알고리즘이다. 빈칸 ㉠, ㉡ 에 알맞은 내용을 순서대로 나열한 것은?

구매금액	배송료
30,000원 미만	5천원
30,000원 ~ 60,000원 미만	2천원
60,000원 이상	0원

> 가격 입력하기
> 만약 _____ ㉠ _____ 이라면
> 　yes 배송비 ← 0
> 　no 만약 _____ ㉡ _____ 이라면
> 　　　yes 배송비 ← 5000
> 　　　no 배송비 ← 2000
> 배송비 출력하기

① 구매금액 〈 30000, 구매금액 〉= 60000　　② 구매금액 〉= 30000, 구매금액 〈 60000

③ 구매금액 〉= 60000, 구매금액 〈= 30000　　④ 구매금액 〉= 60000, 구매금액 〉= 30000

⑤ 구매금액 〉= 60000, 구매금액 〈 30000

학습문제

5. 아래 알고리즘 중 "바다"로 가게 되는 카드를 바르게 나타낸 것은?

> 만약, '첫 번째 카드의 수 < 두 번째 카드의 수' 이라면
>
>   네, "강"으로 간다.
>
>   아니오, '세 번째 카드의 수 < 첫 번째 카드의 수' 라면
>
>   네, "산"으로 간다.
>
>   아니오, "바다"로 간다.

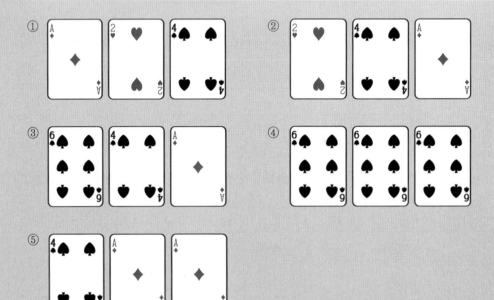

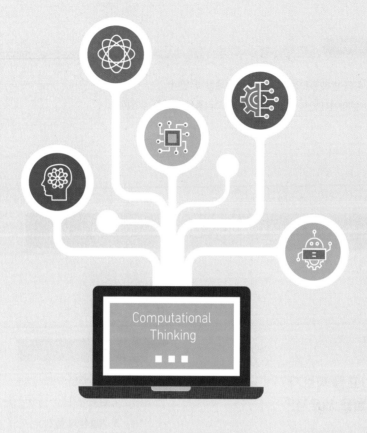

Computational
Thinking

CHAPTER 10

반복을 찾으면
효율적이야

학습목표

1. 알고리즘의 반복구조의 개념에 대해 이해할 수 있다.
2. 다양한 문제에서 반복구조를 활용한 알고리즘을 설계할 수 있다.

어떤 부분을 얼만큼 반복할지 찾아내면 작업을 효율적으로 할 수 있어.

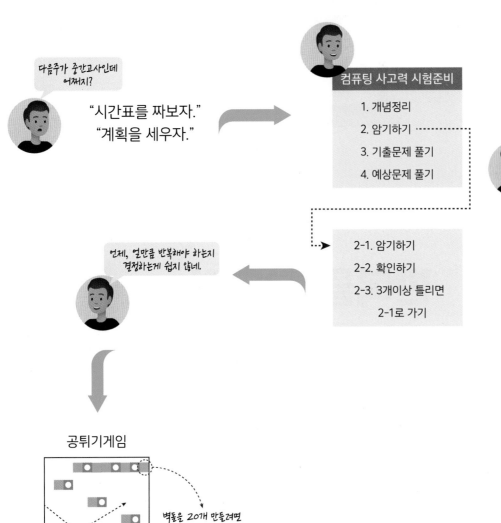

개념 이해

10.1 반복구조의 개념

반복 구조란 같은 처리 과정을 여러번 반복하여 실행하도록 하고자 할 때 사용되는 구조이다. 아래와 같이 10만큼 움직이고 0.2초를 기다리는 동작을 여러 번 실행해야 한다면 매우 긴 코드를 가지게 될 것이다. 이때, 반복 구조를 사용한다면 반복패턴을 찾아 반복문으로 실행시킴으로써 코드를 효율적으로 만들 수 있다. 아래의 경우, 10만큼 움직이고 0.2초를 기다리는 동작이 4번 반복되는 패턴이고 이러한 동작이 4번 반복되므로 4번 반복하기 명령을 통해 명령의 길이를 줄이고 한눈에 알아보기 쉽게 코딩할 수 있다.

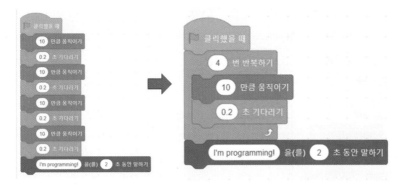

반복구조의 코드 표현

반복 구조를 의사코드로 표현 할 때도 마찬가지로 반복문 아래에 있는 반복 실행될 명령들을 충분히 들여쓰기 하여 반복 실행되어야 하는 명령을 다른 명령들과 구분될 수 있도록 작성한다. 의사코드에서 들여쓰기로 반복구조를 표현해 주지 않으면 어디까지 반복 명령의 블록인지 알아보기 어렵게 된다.

예를 들어 아래와 같이 1부터 100까지의 수의 합을 구하고 최종값을 출력하기 위해 합을 누적하고 숫자를 1씩 증가시키는 명령을 계속 반복되어야하므로 반복하기 명령보다 안쪽으로 더 들여써 주고, 모든 계산이 끝난 후에 합을 출력하기 위해서는 다시 반복하기 구문과 같은 위치에서 작성해 준다.

바른 표현	바르지 않은 표현
숫자 ← 1 합 ← 0 100번 반복하기 　　합 ← 합 + 숫자 　　숫자 ← 숫자 + 1 합 출력하기	숫자 ← 1 합 ← 0 100번 반복하기 합 ← 합 + 숫자 숫자 ← 숫자 + 1 합 출력하기

10.2 반복구조의 종류

이러한 반복구조를 가지는 명령어인 반복문에는 for loop, repeat~until, while, do ~until 등이 있다. 이것을 반복구조의 종류별로 나눈다면 다음과 같다. 프로그래밍 언어에 따라 표현 방식이나 반복문이 다를 수 있다.

반복구조	블록형 반복문	텍스트형 반복문	의미	예
무한반복		while True	해당 명령을 무한 반복	'안녕' 이라고 계속 출력한다.
횟수반복		for 변수 in rang(10)	정해진 횟수의 반복 수행	10번 '안녕'이라고 출력한다.
		for 인덱스=시작, 끝, 증감치	미리 정해진 시작과 끝 그리고 증가(간격)에 의해 반복	0부터 10까지 2의 간격으로 '안녕'이라고 출력한다. (5번 출력)
조건반복		repeat~until 조건	조건을 만족할 때까지 반복	10이 될 때까지 '안녕' 이라고 출력한다.
		while 조건	어떤 조건이 만족되는 동안만 반복	10이하인 동안에만 '안녕'이라고 출력한다.

무한반복은 해당 명령을 무한 반복하는 것으로써 강제로 프로그램을 종료하지 않는다면 해당 명령을 계속 반복하는 것이다. 특정 동작을 계속 반복시키고자 할 때나, 센서의 기능처럼 특정 조건의 판단여부를 계속 반복하여 확인해야 할 경우에 무한 반복을 적용할 수 있다.

무한반복하기 블럭을 이용한 반복 코드

횟수 반복은 정해진 횟수의 반복을 수행하는 것이다. 따라서 아래와 같이 계단 모양의 길을 가도록 할 때 생기는 동작의 패턴을 찾아 목적지까지 가기 위해 필요한 패턴의 반복 횟수를 지정해 주면 된다. 이러한 횟수 반복은 특정 명령의 수행 횟수가 명확한 경우에 적용하면 유용하다.

횟수 반복을 이용한 목적지 가기
출처: code.org

조건 반복 중 repeat~until은 특정 조건이 만족할 때까지만 반복문에 포함된 명령이 반복되는 것이다. 따라서 일단 해당 명령을 먼저 실행하고 조건여부를 확인한다. 예를 들어, 아래와 같이 주어진 객체가 목적지까지 가기위한 동작 명령을 하기 위해서 repeat until

을 사용한다면, 반복되어야 하는 명령은 '앞으로 이동', '왼쪽으로 회전', '앞으로 이동', '오른쪽으로 이동'이 목적에 도착할 때까지 반복되어야 할 것이다. 횟수반복과 비교했을 때, repeat~until은 횟수를 지정해 줄 필요가 없이 조건에 의해 반복이 멈춘다는 차이를 가지므로 특정 횟수를 정할 필요도 없으며, 아래의 예에서 반복되는 길의 횟수가 늘어나더라도 목적지까지 가기위해 코드(횟수)를 수정할 필요가 없다는 장점을 가진다.

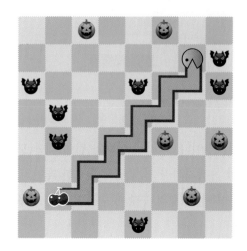

조건 반복을 이용한 목적지 가기
출처: code.org

조건 반복 중에 while 반복구조는 특정 조건이 참이면 반복하도록 하는 명령문이다. 예를 들어 1부터 10까지의 수를 순서대로 출력하기 위한 프로그램은 다음과 같다.

기본 구조	예시	처리과정
while 조건: 　　반복 실행할 내용	x=1 while x<=10: 　　print(x) 　　x=x+1	x에 1을 저장한다. x<=10이 참이므로 　　현재 x값인 1을 출력한다. 　　x에 1을 더해 x는 2가 된다. while로 돌아가 x가 10이하인 동안 반복한다.

For 반복문은 특정한 시작과 끝, 그리고 간격이 있는 반복문을 의미한다. 언플러그드 활동에서 제시하고 있는 주사위 게임을 통해 For 반복문의 개념과 그 원리를 이해할 수 있다. 이 활동에서는 특정한 변수를 지정하고 그 변수가 for 반복문을 구성하는 요소임을 깨닫는

것이 중요하다. 우리는 삶 속에서도 특정한 일을 몇 번씩이나 반복하는 경우가 있다. 예를 들어 일주일 중 목요일마다 가는 학원은 일정한 간격을 두고 반복된다. 여기서 우리는 for 반복을 찾을 수 있다.

이러한 for 반복문은 순환 반복 구조로 다음 순서도와 같이 표현하기도 한다. 변수의 초기 값, 목적치, 증감치를 정하고 상자 안의 명령을 반복적으로 수행한다는 의미이다. 예를 들어, 1부터 100까지 수의 합을 구하려고 한다면, 시작 값은 1이 되고, 끝 값은 100이 되며, 반복 간격은 1이 될 것이다. 그리고 해당 수를 계속 누적해서 합산해 주면 된다. 따라서 오른쪽과 같은 알고리즘을 간단히 만들 수 있다.

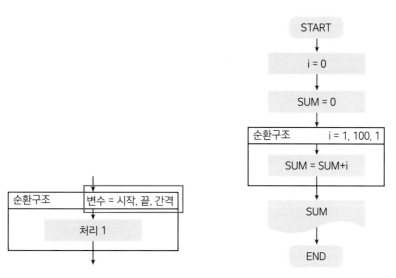

변수의 시작, 끝, 간격이 있는 순환 구조의 표현

1부터 100까지 수의 합을 구하는 반복구조의 표현

그렇다면, 1부터 100까지의 수 중에서 짝수의 값만 더하기 위해서는 어떻게 설정해야할까? 2+4+6+⋯+100으로 계산되어야 하므로, 시작 값은 0이 되고, 끝 값은 100이 되면, 간격 값은 2가 될 것이다.

언플러그드

For 반복문을 위한 주사위 게임

출처: code.org

■ **활동 규칙**

1) 주사위를 굴려 다음의 총 3가지의 변수를 정하게 됩니다.
    - 1. 시작 변수: 주사위를 1번 굴려 나온 수로 결정
    - 2. 끝 변수: 주사위를 3번 굴려 나온 수들의 합으로 결정
    - 3. 간격 변수: 주사위를 1번 굴려 나온 수로 결정
2) 1. 시작 변수에 해당하는 숫자에 동그라미
3) 3. 간격 변수만큼 <u>숫자를 더해가며</u> 2. 끝 변수 이내의 숫자에 모두 동그라미
4) 동그라미 친 숫자를 모두 더하여 점수를 기록하고 점수가 더 큰 사람이 승!

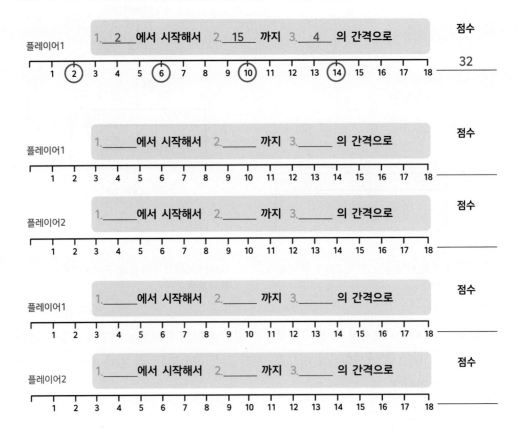

반복구조

1. 1부터 10까지 순서대로 출력하는 알고리즘

1 2 3 4 5 6 7 8 9 10

문제분해	필요변수	패턴인식/추상화	
1) 수에 1 입력하기 2) 수 1씩 증가하기 3) 출력하기 4) 10회 반복하기	수	반복 범위	1 ~ 10
		증가값(간격)	1
		• 증가식: 수 ← 수 + 1	

유형	알고리즘	자동화
횟수반복	수 ← 1 10번 반복하기 　　수 출력하기 　　수 ← 수 + 1	
조건반복	수 ← 1 수 > 10때까지 반복하기 　　수 출력하기 　　수 ← 수 + 1	

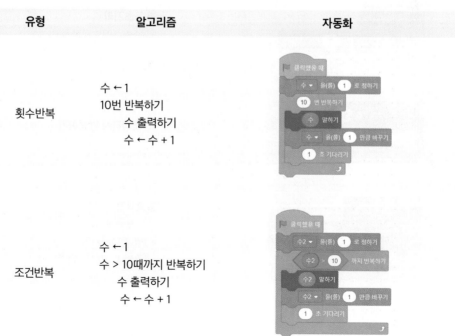

프로그래밍 해보기

변수 초기화
- '수' 변수에 1 저장하기

10번 반복하기

출력하기
- 수 출력하기
- 1씩 증가시키기
- 1초씩 출력하는 간격두기

프로그래밍 해보기

변수 초기화
- '수' 변수에 1 저장하기

10 초과까지 반복하기

출력하기
- 수 출력하기
- 1씩 증가시키기
- 1초씩 출력하는 간격두기

2. 1~10사이의 홀수를 출력하는 프로그램

1 3 5 7 9

문제분해	필요변수	패턴인식/추상화
1) 1부터 입력하기 2) 10까지 반복하기 3) 홀수 구하기 4) 출력하기	수	반복 범위 / 1 ~ 10 증가값(간격) / 1 조건 / 수 <= 10 Yes 수를 출력한다. 증가식: 수 ← 수 + 2

유형	알고리즘	자동화
조건반복	수 ← 1 수 > 10가 될 때까지 반복하기 　수 출력하기 　수 ← 수 + 2	

프로그래밍 해보기

변수 초기화
- '수' 변수에 1 저장하기

10까지 2씩 증가시키며 출력하기

프로그래밍

3. 1부터 100까지의 짝수의 합을 계산하는 알고리즘

$$2+4+6+8+10+\cdots+98+100=2550$$

문제분해	필요변수	패턴인식/추상화
1) 1부터 입력하기 2) 100까지 반복하기 3) 짝수의 합 계산하기 4) 출력하기	합, 수	<table><tr><td>반복 범위</td><td>2 ~ 100</td></tr><tr><td>증가값(간격)</td><td>2</td></tr></table> • 1~100사이의 짝수의 개수: 50 • 합 누적식: 합 ← 합 + 수 • 증가식: 수 ← 수 + 2

유형	알고리즘	자동화
횟수반복	수 ← 2 합 ← 0 50번 반복하기 　　합 ← 합 + 수 　　수 ← 수 + 2 합 출력하기	
조건반복	수 ← 2 합 ← 0 수 > 100때까지 반복하기 　　합 ← 합 + 수 　　수 ← 수 + 2 합 출력하기	

프로그래밍 해보기

변수 초기화
- '숫자' 변수에 2 저장하기
- '합' 변수에 0 저장하기

짝수의 합 구하기
- 합에 짝수 누적하기
- 수를 2씩 증가시키기

합 출력하기

프로그래밍 해보기

변수 초기화
- '숫자' 변수에 0 저장하기
- '합' 변수에 0 저장하기

짝수의 합 구하기
- 합에 짝수 누적하기
- 수를 2씩 증가시키기

합 출력하기

4. 1~100까지의 숫자를 차례로 출력하면서 5의 배수만 "박수"라고 출력하는 프로그램

1 2 3 4   6 7 8 9   11 12 13 14

문제분해	필요변수	패턴인식/추상화	
1) 1부터 입력하기 2) 100까지 반복하기 3) 수 출력하기 4) 5의 배수 찾기 5) 박수 출력하기	수	반복 범위	1 ~ 100
		증가값(간격)	1
		• 5의 배수 찾기; 수를 5로 나눈 나머지 =0 • 증가식: 수 ← 수 + 1	

알고리즘	자동화

수 ← 1
수 > 100이 될 때까지 반복하기
　만약, 수 나누기 5의 나머지 = 0
　　Yes, "박수" 출력하기
　　No, 수 출력하기
　수 ← 수 + 1

프로그래밍 해보기

1~100까지의 수
- 수에 1 저장
- 100까지 반복하기

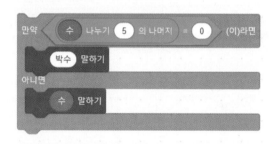

5의 배수 찾기
- 5의 배수면 박수
- 아니면 수 출력

증가시키기

피겨선수

- 피겨 선수의 동작을 완성해 주세요. 지금은 스페이스 키로 점프만 가능합니다. 왼쪽, 오른쪽 화살표키로 이동하게 만들어 주세요. 왼쪽 화살표키로는 왼쪽으로 이동, 오른쪽 화살표키로는 오른쪽으로 이동하게 하려면 어떻게 해야 할까요?

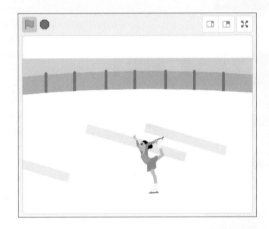

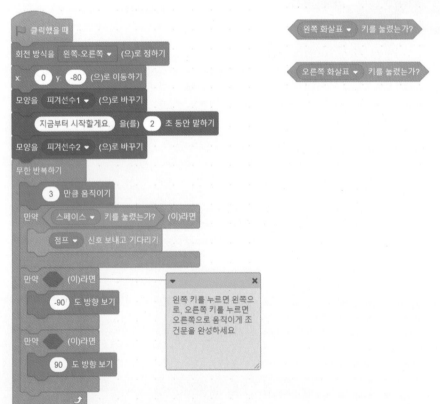

우주선 착륙

- 우주선이 착륙장에 도달하면 멈추게 해주세요. 지금은 착륙장을 지나쳐 버립니다. 착륙장의 y
  좌표는 0 입니다. y좌표에 따라 착륙장에서 멈추도록 수정하시오.

1. 다음 중 알고리즘에 대한 설명으로 바르지 않은것은?

   ① 알고리즘의 기본제어 구조는 순차구조만 있다.

   ② 선택구조는 둘 중 하나를 선택하여 실행하는 구조이다.

   ③ 반복 구조는 동일한 명령어를 반복하여 실행하는 구조이다.

   ④ 의사코드는 문법적인 제약이 없는 알고리즘 기술용 언어이다.

   ⑤ 변수는 알고리즘에서 값을 저장하는 공간으로 변수는 이름을 가지고 있다.

2. 7의 배수이면 박수를 치고 아니면 숫자를 출력 하는 알고리즘에서 (   )안에 알맞지 않은 것은?

   수 ← ①

   수 > 100이 될 때까지 반복하기

   　만약, 수 나누기 5의 나머지 = ②

   　　Yes, ③ 출력하기

   　　No, ④ 출력하기

   　수 ← ⑤

   ---

   ① 7   ② 1

   ③ 박수   ④ 수

   ⑤ 수 + 1

3. 다음은 1~10까지의 합을 구하는 순서도이다. 빈 칸에 알맞은 조건식은?

   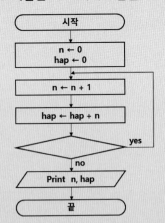

   ① n > 10

   ② n < 10

   ③ n = 10

   ④ n <= 10

   ⑤ n >= 10

4. 1부터 100까지의 수 중에서 홀수의 합을 구하기 위한 "시작변수", "간격변수", "끝 변수"는 얼
　마일까요?

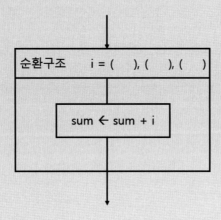

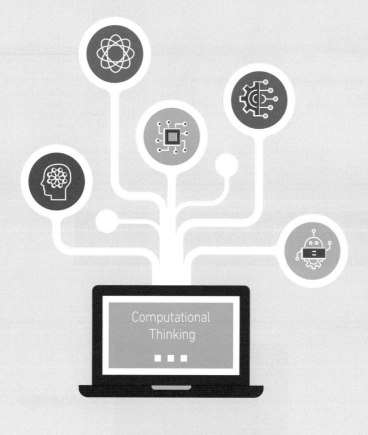

Computational
Thinking

C H A P T E R 11

효율적 자료 관리를 위해
구조화시키자

학습목표

1. 컴퓨터 자료 구조의 종류와 개념을 이해할 수 있다.
2. 자료구조의 리스트를 활용한 프로그램을 구현할 수 있다.

컴퓨터는 계산기인데, 정보도 계산할 수 있어요.
문제를 제대로 정의하면 계산해서 해결책을 찾을 수 있어요.

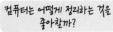

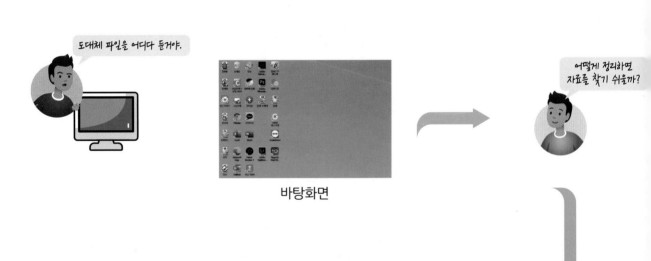

바탕화면

표로 정리할까?

그래프처럼 정리할까?

파일함처럼 정리할까?

개념 이해

11.1 자료구조의 개념과 종류

자료구조(data structure)란 컴퓨터에서 처리하고자 하는 데이터를 효율적으로 관리하기 위해 다양한 형태로 구조화시키는 것이다. 즉, 사람이 상황에 따라 다양하게 사물을 정리하는 것과 같이 프로그램에서도 자료를 여러 가지 방식으로 저장하는 구조를 자료 구조라고 한다. 예를 들어, 해야 할 일들을 순서대로 수첩에 기록하기, 식당에서 방석을 높이 쌓아두기, 물건을 사기 위해 줄 서기와 같이 우리는 다양한 물건과 자료를 어떻게 정리할지 어떤 순서로 사용할 것인지에 따라 다양한 방식으로 규칙을 정해 정리한다. 마찬가지로 컴퓨터에서도 유동적이고 수많은 데이터를 상황에 따라 스택, 큐, 리스트, 그래프, 트리 등의 다양한 형태로 구조화 한다.

메모리에 데이터가 저장되는 방식은 다음과 같다. 기본적으로 메모리는 1 바이트(1 byte = 8 bit) 단위로 구성되어 있으며 0부터 시작하는 숫자(주소)가 할당되어 있다. 만약 컴퓨터의 메모리가 32GB라면 $32 \times 8 \times 10^9$바이트로 구성되어 있는 것이다.

34	35	36	37	38	39		
0	1	2	3	4	5	6	7

메모리의 데이터 저장

예를 들어 숫자가 순서대로 저장되어 있을 경우, 34라는 데이터가 메모리 주소 0에 저장되었다면 35는 1에, 36은 2에 저장할 수 있다. 이처럼 리스트를 메모리에 순차적으로 저장한 것을 배열(array)이라 한다.

배열(Array)은 같은 유형의 변수들로 이루어진 집합이다. 이것은 열쇠 보관함에 여러 개의 자리가 할당되어 있어 원하는 자리에 열쇠를 걸어둘 수 있으며 열쇠를 걸어둔 번호만 기억하면 되는 것과 같다. 이러한 배열은 메모리 공간에 연속적으로 저장되기 때문에 배열의 기준 주소를 알면 배열의 모든 항목을 찾을 수 있다. 배열은 한번 생성되면 변경하기가 비교적 어렵지만 구조가 간단하고 성능이 우수하기 때문에 컴퓨터 프로그램에서 많이 사용

된다. 배열에서 인덱스란 각각의 항목을 구별하기 위해 사용하는 숫자를 의미하며 보통 '0'
부터 시작한다. 이러한 인덱스를 이용한 데이터의 탐색은 매우 빠르게 처리 된다. 하지만
고정된 인덱스를 이용하므로 데이터가 삭제되면 삭제된 상태를 빈 공간으로 남겨둬야 하
므로 메모리가 낭비될 수 있다. 또한 배열에 데이터가 있는지 없는지를 확인하는 과정도
필요하다.

열쇠 보관함

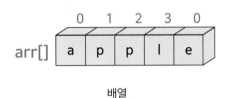

배열

리스트(List)는 가장 기초적이고 중요한 자료구조로써 항목들을 순서대로 저장한 선형구조
로 되어 있다. 이러한 리스트는 식당에 자리가 없을 경우 예약자 명단에 이름을 적어두고
만약 앞선 예약자가 예약을 취소하면 순서가 앞당겨지게 되는 구조와 같다. 따라서 중간
에 있는 사람이 빠지면 뒤에 있는 사람들이 앞으로 한 칸씩 전진하게 되고 중간에 사람이
들어가면 뒤에 있는 사람들이 뒤로 한 칸씩 후진하게 되는 것과 같이, 데이터를 추가하거
나 삭제할 경우 메모리의 빈 공간을 허용하지 않으므로 배열보다 더 효율적인 메모리 활용
이 가능하다.

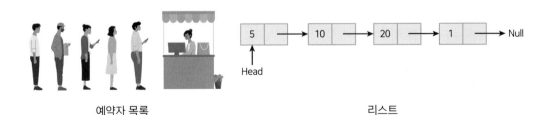

예약자 목록   리스트

만약 숫자 리스트와 문자 리스트의 2개의 리스트를 동시에 메모리에 저장하려면 배열마다 기준 주소를 다르게 해서 여러 개의 배열을 동시에 저장할 수 있다.

34	35	36	37	38	39			a	b	c	d	e	
0	1	2	3	4	5	6	7	8	9	10	11	12	13

리스트의 데이터 저장

스택(Stack)은 한 쪽에서만 데이터를 넣고 뺄 수 있는 형식의 자료 구조이다. 이는 셔틀콕 케이스에 셔틀콕을 넣고 뺄 때의 순서와 같이 가장 먼저 들어온 공이 가장 나중에 뺄 수 있는 구조로 이러한 방식을 LIFO(Last In First Out)라고도 한다. 이러한 스택 구조는 웹 브라우저에서 페이지 이동과 이전 페이지로 돌아갈 때나 프로그램의 실행을 취소하는 경우에 사용된다.

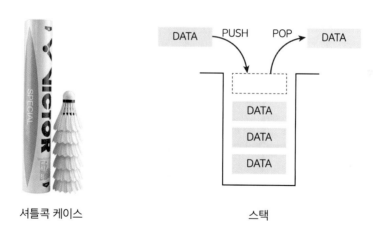

셔틀콕 케이스   스택

큐(Queue)는 먼저 입력한 데이터가 먼저 출력되는 형식의 자료구조이다. 이는 입장한 순서대로 음식을 배식 받는 방식과 같이 FIFO(First In First Out)구조라고 한다. 이러한 큐 구조는 우선순위가 같은 작업의 처리 시 예약된 순서대로 인쇄하기, 콜 센터의 고객 대기 시스템, 프로세스의 관리 등에 적용될 수 있다.

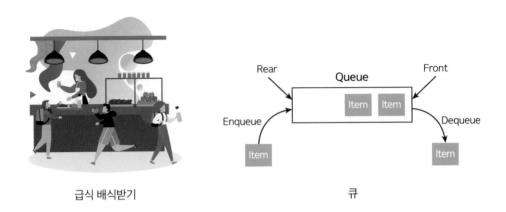

급식 배식받기   큐

그래프(Graph)는 노드(N, node)와 그 노드를 간선(E, edge)으로 연결한 구조이다. 따라서, 연결되어 있는 객체 간의 관계를 표현할 수 있다. 실생활에서 지도, 지하철 노선도의 최단 경로, 전기 회로의 소자들, 도로(교차점과 일방 통행길) 연결, 선수 과목 이수 체계 등의 상황을 그래프로 표현할 수 있다. 그래프는 네트워크의 연결과 같이 하나의 노드에서 2개 이상의 연결을 가질 수 있으며 양방향이나 폐쇄경로를 가질 수도 있다.

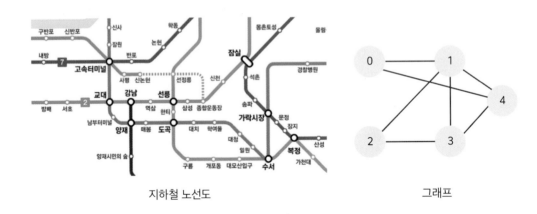

지하철 노선도   그래프

트리(Tree)는 그래프의 한 종류로 노드와 간선으로 이루어진 자료 구조이지만, 그래프와 다르게 트리는 하나의 루트 노드를 갖는다. 그리고 이 루트 노드는 0개 이상의 자식 노드를 가지며 그 자식 노드도 0개 이상의 자식 노드를 가지며 반복적으로 정의된다. 또한, 트리는 그래프와 다르게 사이클(cycle)이 없는 하나의 연결 그래프(Connected Graph)라고 할 수 있다. 즉, 간선이 노드를 연결할 때 서로 폐쇄된 사이클을 만들지 않는다는 것이다.

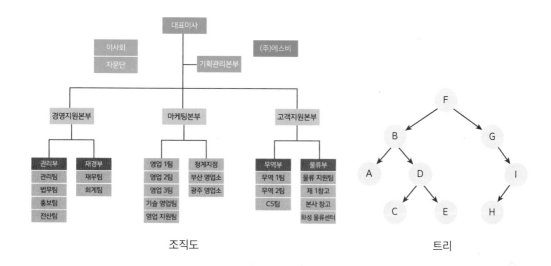

조직도   트리

최소신장트리(Minimum Spanning Tree)란 간선에 가중치를 고려하여 최소 비용을 선택하는 것을 말한다. 통신망, 경로 설정, 도로망, 유통망에서의 길이, 구축 비용, 전송 시간 등을 최소로 구축하려는 경우에 적용할 수 있다. 즉, 가중치를 간선에 표시한 그래프에 있는 모든 노트들을 가장 적은 수의 간선과 비용으로 연결하는 것이다. 이러한 최소신장트리는 다음과 같은 특징을 가진다.

- 간선을 연결할 때 사이클이 생겨서는 안 된다.
- 간선 위에 있는 가중치들의 합은 최소가 되어야 한다.
- n개의 노드를 가지는 그래프에서 간선의 개수는 반드시 (n-1)개이어야 한다.

탐욕적 방법(greedy method)을 이용하면 최소신장트리를 구현할 수 있다. 탐욕적 방법은 결정을 해야 할 때마다 그 순간에 가장 좋다고 생각되는 것을 선택함으로써 최종적인 해답에 도달하는 것으로 모든 노드를 최소 비용으로 연결하여 최적 해답을 구하는 것이다. Kruskal 알고리즘은 이러한 탐욕적 방법을 사용하여 최소신장트리를 구현할 수 있는 알고리즘이다. Kruskal 알고리즘은 무조건 최소 간선만을 선택하는 방법으로 그 작동 순서는 다음과 같다.

① 그래프의 간선들을 가중치의 오름차순으로 정렬한다.
② 정렬된 간선 리스트에서 가장 낮은 가중치를 먼저 선택한다. (사이클을 형성하는 간선은 제외한다.)

③ n개의 노드를 가지는 그래프에서 간선의 개수가 (n-1)개가 될 때까지 연결한다.

④ 해당 간선을 현재의 최소 신장 트리에 표시하고 해당 가중치를 모두 더한다.

예를 들어, 아래와 같은 10개의 노트가 있는 그래프에서의 최소신장트리는 구하는 과정은
다음과 같다.

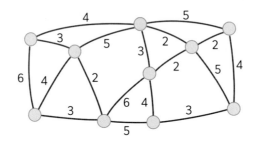

가중치	2	3	4	계
개수	4	3	2	9
합	2×4=8	3×3=9	4×2=8	25

먼저, 가중치 2인 간선을 연결한다. 사이클이 생기지 않으므로 모두 연결가능하다.

둘째, 가중치 3인 간선을 연결한다. 1개의 간선에서 사이클이 생기므로 하나는 제외한다.

셋째, 가중치 4인 간선을 연결한다. 2개의 간선에서 사이클이 생기므로 두 개는 제외한다.

넷째, 총 9개의 간선이 나왔으므로 멈춘다.

다섯째, 가중치별 간선의 개수를 곱하여 전체 비용 25를 구한다.

11.2 정렬의 개념

정렬이란 일정한 순서로 데이터나 요소들을 나열하는 알고리즘이다.

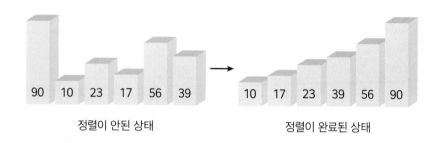

옷장의 옷을 잘 정리하면 내가 원하는 옷을 더 빨리 찾을 수 있는 것과 같이, 정렬을 하면 데이터를 찾는 속도가 빨라질 수 있다.

버블정렬(Bubble sort)은 인접한 두 개의 데이터의 크기를 비교하여 큰 수를 뒤쪽으로 가도록 위치를 바꾸어가며 정렬하는 알고리즘이다.

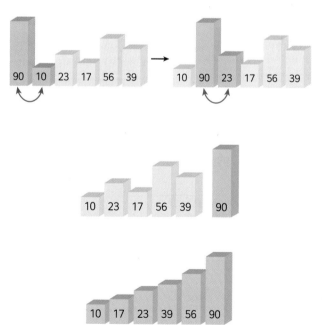

버블정렬

두 개의 데이터씩 비교하여 리스트의 마지막 수까지 되풀이한다.

 이 과정이 끝나면 아래와 같이 가장 큰 값이 가장 끝으로 이동한다. 이와 같은 과정을 하나의 패스라고 하며 데이터 수만큼 반복한다.

그러면 모든 데이터가 오름차순으로 정렬된다.

이러한 방법은 가장 간단하지만 비효율적인 편이다. 따라서 이를 개선하기 위해 다양한 정렬 알고리즘이 연구되어 왔다.

선택정렬(Selection Sort)은 첫 번째 자리에 가장 작은 데이터를 넣고 두 번째 자리에 그 다음 가장 작은 데이터를 선택해서 넣는 방식을 배열이 끝날 때까지 반복한다.

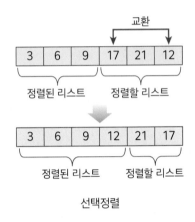

선택정렬

삽입 정렬(Insert Sort)은 배열의 한 원소인 key라는 값을 알맞은 자리에 삽입하는 방식이다. key보다 큰 값은 뒤로 밀어버리고 key보다 작은 값일 경우에는 그 뒷자리에 삽입한다.

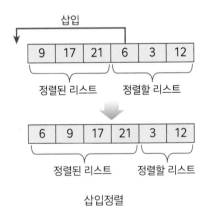

삽입정렬

퀵정렬(Quick sort)은 전체 리스트를 2개의 부분으로 나누고 각각의 부분 리스트를 다시 퀵 정렬하는 분할−정복방법을 사용한다. 피벗(pivot)이라고 부르는 리스트의 기준 값보다 작은 데이터는 모두 피벗의 왼쪽으로 옮기고 피벗보다 큰 데이터는 모두 오른쪽으로 옮긴다. 결과적으로 피벗을 중심으로 왼쪽에 존재하는 데이터들은 피벗보다 작은 값들이고 오른쪽은 피벗보다 큰 값들로 구성된다. 이 상태에서 피벗을 제외한 왼쪽 리스트와 오른쪽 리스트를 각각 다시 같은 방식으로 정렬하게 되면 전체 리스트가 정렬된다.

11.3 탐색의 개념

순차 탐색(Sequential Search)은 선형 탐색(Linear Search)라고 부르며 데이터 배열에서 처음부터 끝까지 차례대로 비교하여 원하는 데이터를 찾아내는 알고리즘이다. 이 순차 탐색은 단순하지만 비효율적이라는 단점을 지니고 있다.

선형탐색

이진 탐색(Binary Search)은 순서대로 데이터가 정렬된 배열을 전제로 하며 한번 비교를 거칠 때마다 탐색 범위가 반(1/2)으로 줄어들기 때문에 이진탐색이라고 부른다.

기본적으로 배열이 순서대로 정렬되어 있어야 한다. 만약 찾고자 하는 숫자가 8이라면,

배열의 중앙값을 기준으로 찾고자 하는 값(8)이 기준 값(7)과 비교하여 그 보다 크면 앞쪽 절반의 배열은 비교할 필요가 없으므로 배재한다.

남은 배열의 또 중앙값(9)을 기준으로 찾고자 하는 값(8)과 비교하여 찾고자 하는 값이 더 작으면 뒤쪽의 데이터들은 배재한다.

이런 식으로 배열을 절반씩 배재하는 방식을 반복하며 원하는 값의 위치를 찾는다.

이진탐색

최소신장트리 빠른 택배 배송

■ 활동 규칙

> 1. 집과 집 사이의 거리는 점선의 개수이다.
> 2. 집은 원으로 표현하고 집과 집 사이는 선으로 연결하여 간단하게 그린다.
> 3. 집과 집 사이의 이동거리는 선 위의 숫자로 표시한다.
> 4. 택배를 최소의 거리로 배달하기 위한 경로를 생각해 본다.
> 5. 최종 연결할 선을 더 진한 색으로 표시한다.
> 6. 연결된 선 위의 숫자들을 모두 더하면 택배를 배달하기 위한 총 거리가 된다.

여러 집을 들러 택배를 배달해야하는 회사에서는 택배 배송을 보다 빠르게 하기 위해 최적의 경로를 연구하고 있다. 택배 배송을 위한 모든 집과 집 사이의 이동 시간이 기록된 지도가 아래와 같을 때, 총 이동 시간이 최소가 되는 모든 집을 방문하는 가장 빠른 경로를 찾아봅시다.

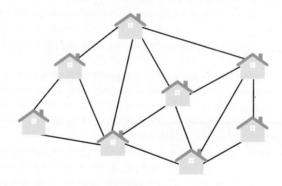

택배지도

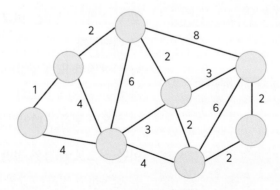

그래프로 그리기

■ 최소 거리 계산

거리1 연결	거리2 연결	거리3 연결
1개	5개	1개
1×1=1	2×5=10	1×3=3

총 최소 거리 = 1+10+3 = **14**

■ 나만의 지도를 그래프로 그려 최소거리를 계산해 보자.

그래프 그리기	최소거리 구하기

리스트 구현

■ 리스트 자료구조의 대표 기능

■ 리스트 초기화하기

할일 목록 ▾ 의 항목을 모두 삭제하기

■ 리스트에 데이터 저장하기

■ 리스트에 저장된 데이터를 출력하기 (반복구조 이용)

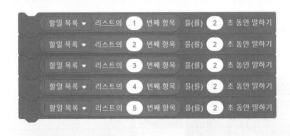

음료 주문하기

[문제 이해]

현재상태	여러 명이 한꺼번에 음료를 주문할 경우 각 음료의 종류와 수를 계산하기 어렵다.
목표상태	여러 명이 한꺼번에 음료를 주문할 때 각 음료의 수를 계산하는 프로그램

[문제분해] 프로그램에서 사용되는 구성요소

인원수대로 음료 주문받기, 음료 종류별 개수 세기

[패턴인식] 조건 파악하기

1. 각자 원하는 음료를 주문하여 리스트에 입력한다.
2. 음료 리스트에 '아메리카노', '아이스티', '카페라떼'를 생성한다.
3. 음료 리스트의 데이터를 모두 검색한다.
4. 리스트의 값이 '아메리카노'이면 '아메리카노' 변수를 '1' 증가 시킨다.
5. 리스트의 값이 '아이스티'면 '아이스티' 변수를 '1' 증가 시킨다.
6. 리스트의 값이 '카페라떼'면 '카페라떼' 변수를 '1' 증가 시킨다.
7. 음료별 주문 개수를 출력한다.

[추상화] 핵심요소(변수)와 간단히 표현하기

필요 변수나 리스트	• 변수: 아메리카노, 아이스티, 카페라떼, 인원 수, 항목 • 리스트: 음료주문목록

객체간의 관계
(그림이나 수식)
	• 반복조건: 주문목록의 길이 < 인원수
	• 음료 개수 세기 : '음료수 목록 = 각 음료수 이름'일 경우
	  – 아메리카노 ← 아메리카노 + 1
	  – 아이스티 ← 아이스티 + 1
	  – 카페라떼 ← 카페라떼 + 1

[알고리즘] 의사코드

```
아메리카노 ← 0
아이스티 ← 0
카페라떼 ← 0
인원수 ← 0
인원수 입력하기
인원수 만큼 음료주문 리스트에 음료 입력하기
(음료목록의 길이 < 카운트) 까지 반복하기 ("음료목록의 길이 = 카운트"라면 진행)
    만약 (현재 항목 = 아메리카노 ) 이라면
        Yes, 아메리카노 ← 아메리카노 + 1
    만약 (현재 항목 = 여학생 ) 이라면
        Yes, 여학생 ← 여학생 + 1
    카운트 ← 카운트 + 1
```

[자동화]

프로그래밍 해보기

변수 초기화

- '항목' 변수에 1 저장하기
- '인원수', '아메리카노', '아이스티',
  '카페라떼' 변수에 0 저장하기
- 리스트 비우기

프로그래밍 해보기

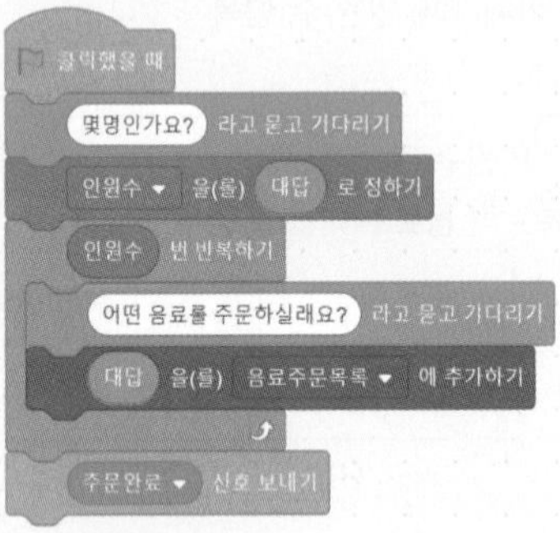

인원수 입력하고 주문받기
- 입력된 인원수대로 음료주문 받기
- 음료이름을 리스트에 저장하기

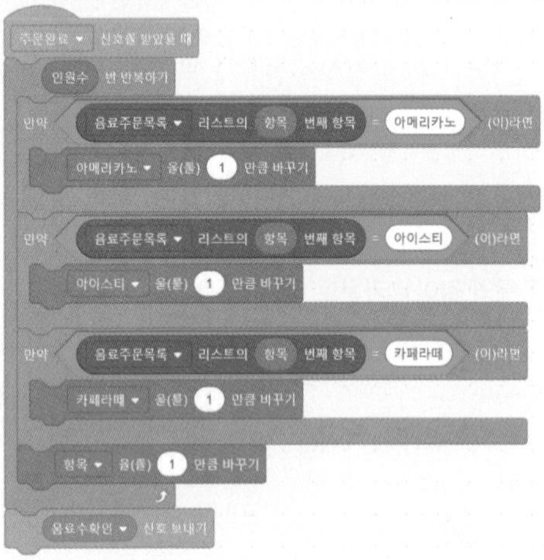

각 음료 개수세기
- 리스트 처음부터 마지막 항목까지 중에서 각 음료의 개수 누적하여 세기

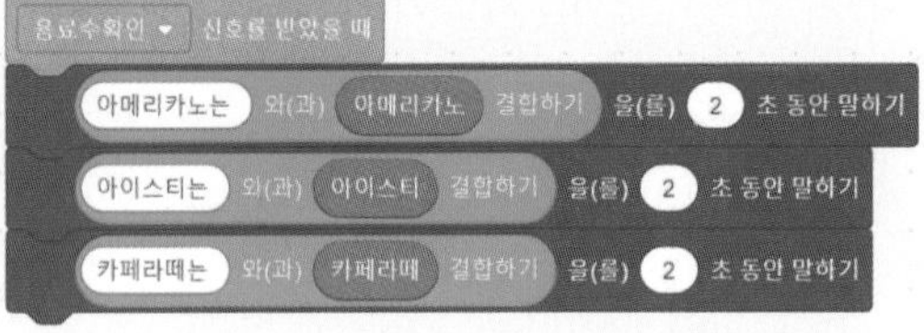

각 음료 주문 확인 출력하기

남녀학생 수 세기

- 출석부에 10명의 학생의 성별이 입력되어 있다. 출석부의 학생 성별 목록을 확인하여 남학생 과 여학생의 수를 각각 세어주는 프로그램을 완성해 보시오.

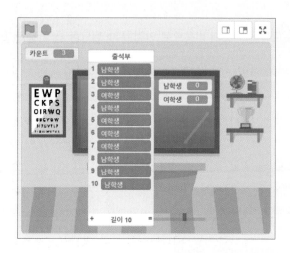

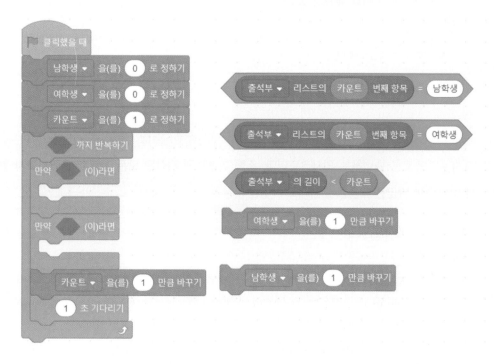

1. 일상생활에서의 예와 해당 자료구조에 대한 연결로 적합하지 않은 것은？

　① 방석 쌓기 – 스택　　　　　　② 할 일 목록 – 리스트

　③ 지도 – 배열　　　　　　　　④ 조직도 – 트리

　⑤ 영화관 매표소 줄 – 큐

2. 다음 지도의 각 노드들을 최소의 비용으로 연결할 때 필요한 총 비용은 얼마인가?

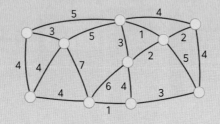

　① 21개　　　② 22개　　　③ 23개　　　④ 24개　　　⑤ 25개

3. 다음은 어떤 정렬 방식을 설명한 것인가?

> 2개의 블록을 비교하여 큰 것과 작은 것을 파악하여 위치를 지정한다. 데이터를 순서대로 정리한다. 빠르게 탐색할 수 있게 도와준다.

4. 아래는 리스트를 출력하는 의사코드이다. 동물 리스트에 저장된 모든 자료를 출력하고자 할 때 ㉠, ㉡ 에 알맞은 내용을 순서대로 나열한 것은?

```
동물 리스트="강아지","고양이","팬다","원숭이","여우"
i ←       ㉠
만약 i <       ㉡       인 동안에
    print 동물 리스트
    i ← i+1
```

　① 1, 5　　　② 0, 5　　　③ 1, 4　　　④ 0, 4　　　⑤ 1, 6

PART 3

인공지능

CONTENTS

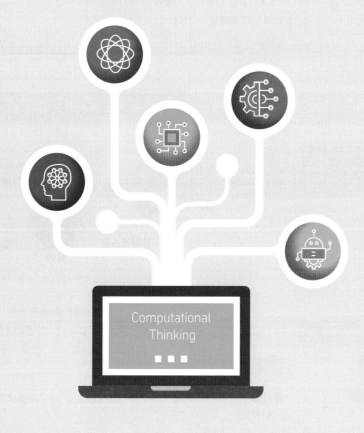

CHAPTER 12

인공지능은 어떻게
발전해 왔는가?

1. 인공지능의 개념과 우리 주변의 다양한 인공지능 기술에 대해 이해할 수 있다.
2. 인공지능의 역사와 접근방법에 대해 이해할 수 있다.

인공지능은 양날의 검이군. 인공지능이 어디까지 발전할지 계속 주시하고 공부해야 겠어.

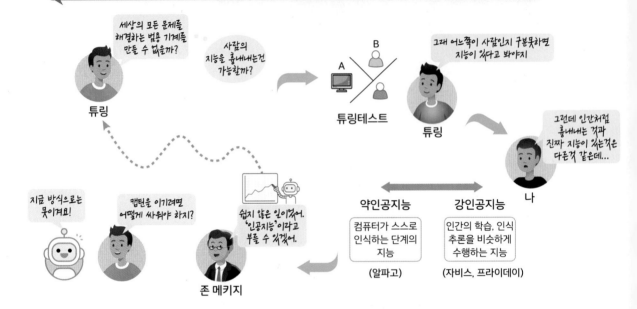

사람이 학습하는 것과 인공지능이 학습하는 방법이 같은듯 다르구나

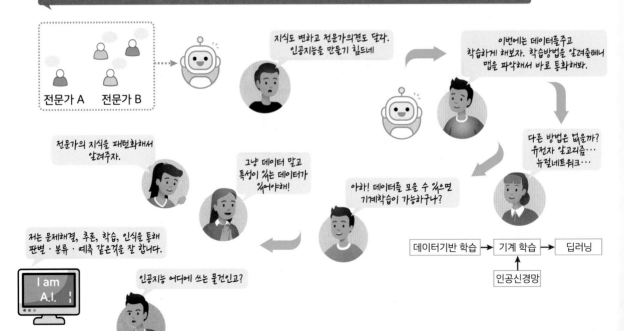

12.1 인공지능의 이해

다음 중 사람에게 더 쉬운 것은 무엇이고 컴퓨터에게 더 쉬운 것은 무엇일까?

컴퓨터에게 쉬운 것과 인간에게 쉬운 것

사람은 당연히 오른쪽의 사진보고 개인지 고양이인지 구별하기, 동화책 읽고 그 내용 이해하기, 어떤 그림인지 알아맞추기 등이 더 쉽게 느껴질 것이다. 그런데 컴퓨터로는 왼쪽의 큰 수를 곱하거나 미적분하기, 체스나 바둑 두기, 금융 시장에서 투자 결정 내리기 등이 더 쉬울 수 있다. 이렇게 사람과 컴퓨터는 문제 해결 능력에 있어서 차이를 나타내며 사용되어 왔다.

인간은 어릴 때부터 밖이 환해지면 낮이고 어두워지면 밤이 되는 등의 현상들의 패턴에 의해 인식을 해왔다. 또한, 패턴이나 연상기법을 활용하여 기억하거나 그림의 일부가 가려진다고 해도 전체 그림을 유추할 수 있다.

반면, 컴퓨터는 정확한 데이터를 통해서만 인식을 할 수 있으며, 기억하거나 떠올리기 위해서는 탐색 기법을 이용한다. 바둑에서의 최선의 수는 무엇인지 트리구조의 데이터에서 찾는다. 또한, 일부분이 누락되면 알아채기 어렵다는 것이 인간과의 차이였다.

지능이라는 것은 사람의 주요한 특성이다. 그런데 기계도 사람의 지능을 가질 수 있을까라는 의문은 1930년대 이래 많은 인지과학자, 수학자, 컴퓨터 과학자들에 의해 시작되었다.

우리의 감각기관은 주변의 낮은 온도에 '지금 너무 춥다.'고 느낀다(인식). 그리고는 생각한다. '보일러가 꺼졌구나.' 또는 '겨울이 왔었구나.' 라고(추론), 그리곤, '옷을 입어야겠다.', '보일러를 켜자.' 등의 반응을 보인다 (행동).

(추론) 사과구나.
빨간 사과를 따야겠다.

(인식) 과일 나무가 있네.

(행동) 사다리와 가위로 사과를 따자.

인간의 추론과 지능

또 다른 상황에서 한 소녀는 눈 앞의 빨간 사과가 열린 나무를 본다. 그리고는 '과일 나무가 있네.'라고 인식한다. 소녀는 그것이 빨간색의 사과라는 과일임을 알아챈다(인식). 그리고 적당히 익었다는 것을 경험에 비추어 생각해 내고 따 먹을 수 있다고 판단한다(추론). 그리고 소녀는 적당한 도구를 선택하여 과일을 따게 된다(행동). 이러한 인간의 사고와 행동 과정을 이제는 사람대신 소프트웨어와 하드웨어(로봇)를 통해 대신하도록 할 수 있다.

이와 같이 지능이란 외부 현상을 보고 듣고 느끼는 등의 오감을 통해 인식한 것을 바탕으로 추론하며 행동할 수 있는 능력을 의미한다. 따라서 인공지능이란 이러한 인간의 사고, 학습, 자기 개발 등을 컴퓨터가 할 수 있도록 하는 것이다. 따라서 인공지능은 인간의 지능적인 행동을 컴퓨터로 모방할 수 있도록 연구하는 컴퓨터 과학 분야라고 할 수 있다. 이러한 인공지능은 규칙들을 나열해 추론하는 방식에서 부터 데이터를 이용해 스스로 학습할 수 있는 머신러닝과 딥러닝이라는 큰 기술의 발전으로 지금에 이르렀다. 인공지능, 머신러닝, 딥러닝의 관계는 다음 그림과 같이 설명할 수 있다.

머신러닝은 인공지능의 다양한 학습 방법 중의 하나로써 1959년에 아서 사무엘(Arthur Samuel)에 의해 '명시적인 프로그래밍 없이도 컴퓨터가 스스로 학습할 수 있도록 하는 연구 분야'로 최초로 정의되었다. 즉, 머신러닝은 컴퓨터가 데이터로부터 스스로 규칙을 만들어 내며 학습하는 방식이다. 또한, 딥러닝은 머신 러닝의 다양한 분야 중 한

인공지능

머신러닝

딥러닝

인공지능의 개념

한 분야로써 연속된 층을 통해 학습하는 방식으로써 초기 인공신경망을 기반으로 주어진 데이터로 스스로 학습한다.

이러한 인공지능은 그 발전정도에 따라 약 인공지능, 강 인공지능, 초 인공지능을 나눌 수 있다. 약 인공지능은 특정 단일 분야에 뛰어난 인공지능으로써 스팸메일이나 이미지를 분류하거나 일부 상황을 예측하는 등, 사람의 지능적 행동을 흉내 낼 수 있는 수준의 인공지능을 의미한다. 우리가 경험했던 '알파고'도 아직은 약 인공지능에 속한다고 할 수 있다. 강 인공지능은 인간 수준의 인공지능으로써 마음을 가지고 사람처럼 느끼면서 지능적으로 행동하는 것처럼 할 수 있는 수준을 의미한다. 따라서 강인공지능은 추상적인 사고를 하고 복잡한 개념을 이해할 수도 있으며 경험을 통한 학습이 빠르다. 영화 캐릭터 '아이언맨'의 자비스와 프라이데이와 같은 인공지능 비서가 이러한 강인공지능에 해당한다. 초 인공지능은 모든 면에서 인간보다 낮거나 천만 배까지도 더 강할 수 있는 인공지능을 의미한다. 강인공지능이나 초인공지능은 등장하기 어려울 것이라는 예측이 강하지만, 컴퓨팅 기술의 발전이 가속화되면서 일부 학자들은 가능할 것이라고 예측하기도 한다.

약 인공지능	강 인공지능	초 인공지능
• 특정 단일 분야에 뛰어난 인공지능 • 사람의 지능적 행동을 흉내 낼 수 있는 수준	• 인간 수준의 인공지능 • 마음을 가지고 사람처럼 느끼면서 지능적으로 행동 • 추상적인 사고를 하고 복잡한 개념을 이해 • 빠른 학습과 경험에서 학습	• 모든 면에서 인간보다 조금 더 낮거나, 모든 면에서 인류보다 천만 배 더 강할 수 있는 인공지능

인공지능의 수준

이미 우리 주변에는 다양한 분야에 인공지능 기술이 적용되어 있다. 우리 주변의 다양한 인공지능 기술을 알아보고 내 생활 속에 얼마나 가까이 와있는지 생각해 보자.

인공지능 기술은 사람마다 다른 신체적 또는 행동적 특징을 추출하여 신원을 확인하도록 하는 다양한 생체인식 기술에도 적용되고 있다. 신체정보는 인간의 신체에서 직접적으로 정보를 추출하는 것으로 지문인식, 홍채인식, 망막인식, 손모양, 안면인식 등이 있다. 그 중에서 지문인식은 기술은 사람마다 지문이 다 다르고 평생동안 변하지 않는다는 특성을 이용한 인공지능 기술이다. 또한, 얼굴인식 기술은 촬영한 영상에서 사람의 얼굴을 찾아내는 안면 검출 기술과 얼굴의 대략적이 포인트를 찾아 얼굴을 형태를 검출하여 사전에 등록된 얼굴과 매칭하여 인증하는 기술로 되어 있다. 이러한 기술은 보안에 강하기 때문에 다양한 보안 시설에 적용되고 있다.

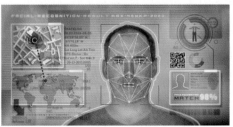

지문인식   안면인식

모션인식 기술은 화면을 터치하지 않고 손이나 몸동작을 이용하여 화면을 조작할 수 있다. 모션인식 지원이 가능한 장치를 이용하여 동작을 감지하여 컨트롤할 수 있는 게임이나 물리치료가 필요한 환자를 대상으로 하는 분야 등에 다양하게 적용되고 있다. 이렇게 손의 위치나 시간을 감지하는 위해서는 빠른 처리와 데이터가 필요하게 된다.

모션인식 기술

우리가 자주 사용하게 되는 인터넷 검색도구에서 볼 수 있는 '검색어 자동 채우기'나 '검색어 매칭' 기능도 인공지능 기술이라고 할 수 있다. 추천 검색어나 자동 채우기 기술은 많은 사람들이 검색했거나 내가 자주 사용하는 단어를 추천해준다. 단어 기반 매칭 기술은 오타나 잘못된 단어를 입력해도 그와 비슷한 사례 분석을 통해 적절한 단어로 검색해 준다. 또한, 인공지능 기술은 단어 간의 의미를 파악하여 다양한 키워드에 적절한 검색 결과를 찾아주기도 한다.

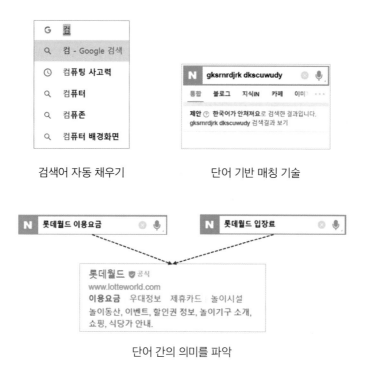

검색어 자동 채우기   단어 기반 매칭 기술

단어 간의 의미를 파악

최근 인공지능 기반의 번역기술은 급속도로 발전했다. 현재 번역기술은 카메라를 통해 문자를 보여주는 즉시 번역해주거나 음성을 통해 입력한 말을 번역하여 문자로 보여주거나 음성으로 들려주는 기술들이 가능하다. 그 외에도 매일같이 날라오는 불필요한 스팸메일을 스팸인 것과 스팸이 아닌 것으로 분류 해 줌으로써 자동으로 걸러주는 다양한 분류기로 인공지능 기술의 주요 분야 중 하나이다. 또한, 음성인식 기술은 소리 신호를 단어나 문장으로 변환시키는 것으로 음성으로 문자 메시지를 보내는 등의 기술로 인해 소소하지만 우리의 생활을 보다 편리하게 해주고 있다.

번역기술   스팸 분류   음성인식

이와 같이, 우리의 생활을 보다 편리하게 하기 위해서는 컴퓨터가 주어진 규칙에 의해서 작동하는 것을 넘어서 사람의 의도를 파악해서 서비스 가능한 형태로 변화해야 한다. 예를 들어, 규칙적으로 커피를 마시는 패턴이 있다고 할지라도 때로는 커피를 마시고 싶은지 차를 마시고 싶어하는지 인식할 수 있어야 할 것이다. 또한, 실내 온도를 26도로 설정해 놓고 항상 그 온도를 유지하도록 하는 기술은 매우 유용하지만, 때로는 어린아이나 열이 많은 사람이 감지되면 더 낮은 온도로 자동으로 재설정할 필요도 있다. 따라서 이러한 것이 가능하려면 다양한 센싱기술과 오랫동안 축적해 놓은 데이터를 분석하여 학습하는 기술이 필요할 것이다. 이것을 가능하게 하는 것이 바로 인공지능이다.

12.2 인공지능의 발전

인공지능은 기계가 사람의 지능과 같아지길 오래전부터 원했던 바람의 산물이다. 최초의 컴퓨터 에니악은 1945년 2차 세계대전 시기에 완성된 독일의 암호를 풀기 위해 만들기 시작했으나 전쟁이 종식되어 범용적 컴퓨터로 사용되기 시작하였다. 그러나 이미 그 이전인 1936년부터 튜링은 기계도 기억 장소와 정확한 계산 순서가 있는 알고리즘만 주어진다면 어떤 계산이라도 가능하다는 것을 튜링머신으로 가정했다.

그 후 1950년에 튜링은 튜링 테스트를 통해 컴퓨터와 대화를 나누어 컴퓨터의 반응을 인간의 반응과 구별할 수 없다면 해당 컴퓨터가 생각할 수 있는 것으로 간주하여야 한다고 주장했다. 이것이 바로 인공지능의 개념적 기반이 되었다.

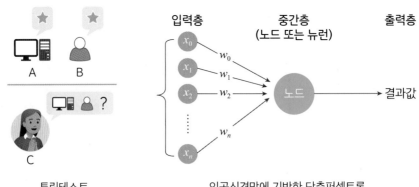

튜링테스트   인공신경망에 기반한 단층퍼셉트론

그 후 인공지능의 흐름은 다양한 방향으로 발전하게 된다.

인공지능의 준비기에서 웨렌 맥컬럭((Warren S. McCulloch)은 사람의 신경세포의 원리를 모방한 인공신경망을 고안한다. 인공신경망은 입력값들에 대한 가중치에 따라 계산된 수치가 특정 임계값에 의해 반응을 할지 안할지 결정되는 원리를 이용한 것이다. 이와 같이 인공 지능의 개발은 60년이 넘는 긴 역사를 가지고 있으나 지속적으로 발전하기 보다는 컴퓨터과학자들의 새로운 아이디어로 두 번의 침체기를 딛고 지금에 이르렀다. 그리고 현재 인공지능은 세 번째 상승 기간에 있다.

준비기(1943~1956)
- 1943: 웨런 맥컬럭
  - 인공신경망
- 1950: 엘런튜링
  - 튜링테스트

1차 붐(1956~1970s)
- 기호처리, 퍼셉트론
- 1965: 엘리자의
  자연어 처리
- 첫번째 빙하기:
  XOR 불가론

**2차 붐
(1980s~1995s)**
- XCON 전문가 시스템
- 오차 역전파법
- 다층 신경망
- 두번째 빙하기: 제한적
  성능과 컴퓨팅 파워의 부족

2차 붐(1977~현)
- 1997: IBM 딥퍼블루의
  체스 승리
- 힌튼: 딥러닝(사전학습)
- 2011: IBM 왓슨의
  퀴즈쇼 승리
- 2016: 알파고 바둑 승리

인공지능의 발전과정

인공지능의 1차 붐시대에는 1956년도 다트머스 학회에서 유명한 인공지능 학자들이 모여 인공지능이라는 용어를 제시하며 인공지능에 대한 새로운 지평을 열었다. 이후 사람의 사고 과정을 규칙으로 만들어 입력하고 그에 따라 추론할 수 있도록 하는 기호주의 인공지능이 시작된다. 또한, 웨렌 맥컬럭에 의해 고안된 인공신경망을 보다 구체화하여 '퍼셉트론(Perceptron)'으로 구체적으로 구현하게 된다. 퍼셉트론이란 무언가를 인지하는 능력인 인지(Perception)와 뇌에 있는 신경세포인 뉴런(Neuron)의 두 단어가 조합된 것으로, 뉴런의 정보처리 원리를 모방한 인공뉴런이라고 할 수 있다. 초기의 퍼셉트론은 입력층과 출력층의 단순한 구조로 이루어 졌기 때문에 단층 퍼셉트론이라고 하기도 한다. 이러한 퍼셉트론을 이용해 기계도 동그라미와 세모의 특징을 파악하여 서로 구분하는 등의 두 가지로 나뉘는 간단한 분류 학습이 가능하다는 것을 보였다. 또한, 이 시대에는 엘리자 최초의 자연어 처리가 시도된 채팅 프로그램이 개발되기도 하였다.

다트머스 회의에 참석한 인공지능 학자들 (왼쪽부터 모어,
맥카시, 민스키, 셀프리지, 솔로모노프)

자연어 처리 장치: 엘리자

이러한 시도에도 불구하고 1970년대에는 인공지능의 첫 번째 빙하기를 맞이하게 된다. 이전에 제시된 인공지능은 단순하고 제한된 문제에 대해서만 결과가 좋았다. 이는 당시 컴퓨팅 성능이 매우 제한적이었기 때문에 복잡한 계산을 할 수 없었고, 지식을 기호로 변환하여 추론하는 방식은 현실의 복잡한 문제들은 해결하기 어려웠기 때문이다. 이것은 인공신경망에 의한 단층 퍼셉트론은 두개의 입력값이 모두 참일 경우에만 참을 출력하는 AND 연산과 둘 중에 하나만 참이어도 참으로 출력하는 OR연산의 문제는 해결 가능하나, 둘 중에 하나만 참일 경우 참으로 출력하는 XOR 연산 문제를 해결하지 못했으며, 판단이 잘못된 경우 수정하기가 어렵다는 단점이 있었기 때문이다. 결국 기계는 논리적 처리는 가능할지 모르나 사람처럼 인식하고 학습하는 능력은 따라할 수 없다는 한계에 부딪쳤다.

인공지능의 2차 붐이 일어났던 1980년대부터는 인공지능의 한계를 인정하고 해결해야 하는 문제범위를 줄여 최대한 단순하게 해결하고자 하였다. 또한, 기존의 퍼셉트론이 학습 시 입력부터 출발하여 각 노드의 가중치를 계산하여 출력으로 나오는 방식과 반대로 출력에서 입력으로 거슬러 올라가며 가중치를 조정하는 방식의 오차역전파법(Error Back-propagation)를 고안하였으며, 입력층과 출력층 사이에 여러개의 은닉층을 두어 보다 복잡한 문제 해결이 가능하게 한 다층퍼셉트론이 적용됨에 따라 단층퍼셉트론의 이전 문제점을 보완하고 보다 복잡한 문제를 해결할 수 있게 되었다.

또한, 전문가의 지식을 규칙으로 생성하여 컴퓨터에 입력하고 이를 바탕으로 질문에 적합한 대답을 추론해서 제공해주는 '전문가 시스템'을 개발하게 된다. 하지만 컴퓨터의 제한적 성능과 컴퓨팅 파워의 부족으로 인해 인공지능의 두 번째 빙하기가 오게 된다. 또한, 이러한 전문가 시스템은 규칙에 벗어나는 질문에는 이상한 판단이 나오며 특별한 경우에만 한정적으로 유용하다는 한계점을 보였기 때문이다.

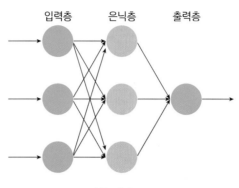

다층 퍼셉트론

1990년대에 들어서자 다시 인공지능의 3차 붐이 일어나게 된다. 1993년도에 IBM에서는 딥블루라는 인공지능 컴퓨터를 만들어 사람과 대결하도록 하였는데, 이때에는 사람이 이기게 되었으나, 1997년에 개발된 딥퍼블루와 사람과의 대결에서는 딥퍼블루가 이기게 됨으로서 인간을 이긴 기계의 등장으로 놀라움을 샀다. 2011년에는 IBM의 인공지능 컴퓨터 왓슨(Watson)을 이용하여 퀴즈쇼에서 두 명의 사람과 대결하여 최종 승리를 하게된다. 왓슨은 인간이 내는 자연어로 된 문제를 이해하고 그에 맞는 정답을 빠른 속도로 검색하고 처리함으로써 가능한 것이었다. 즉, 이는 상당히 높은 자연어처리 기술과 빠른 데이터 탐색 및 추론 기술을 입증한 결과였다.

IBM의 딥퍼블루   퀴즈쇼에서 이긴 IBM 왓슨   이세돌과 알파고의 대국

2012년 제프리 힌턴(Geoffrey Hinton)은 IMAGENET이라는 이미지 분류 대회에서 인공신경망 기반의 딥러닝을 이용한 알렉스넷(AlexNet)을 이용해 이미지 분류에서 84.7%의 정확도를 보였다. 이는 이전 대회까지는 이미지 인식률이 75%를 넘지 못하였던 것에 비해 놀라운 인식률을 달성한 것이다. 그 이후부터는 딥러닝을 이용한 인공지능이 좋은 성적을 보

였으며 현재는 상당수가 97%에 육박하는 인식률을 기록하고 있다. 이는 인간의 인식률인 95%를 훨씬 뛰어넘는 수준이다.

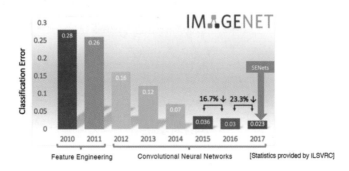

이미지넷 대회에서의 이미지 인식율의 변화

2006년 제프리 힌턴(Geoffrey E. Hinton)은 가중치의 초기값을 제대로만 설정하면 깊은 신경망 학습도 가능하다는 것을 증명했다. 즉, 신경망을 학습시키기 전에 적은 층으로 학습을 먼저 해서 더 나은 초기값을 얻었는데, 이것을 사전학습이라고 하고 이것을 본 신경망 학습에 투입시키는 것이다. 이때부터는 기존의 인공신경망이나 퍼셉트론이라는 용어 대신 딥러닝이라는 용어를 사용하게 된다.

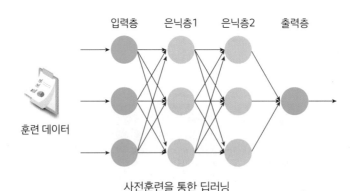

사전훈련을 통한 딥러닝

2016년에는 알파고가 이세돌과의 바둑대결에서 이기게 되는데 이것은 세계가 인공지능에 대해 더 많은 관심을 가지게 되는 계기가 되었다. 이러한 인공지능의 2차 붐이 가능했던 원동력은 빠른 처리속도가 가능한 컴퓨터 기술의 발전, 방대한 빅데이터가 생성되었으며, 힌튼에 의해 퍼셉트론의 한계를 극복한 딥러닝의 효과가 증명되었기 때문이다. 이러한 인공지능은 전문가 시스템, 데이터 마이닝, 로봇틱스, 패턴인식, 문자·음성인식, 자연어 처리, 컴퓨터 비전, 음성합성 등의 다양한 분야로 응용되고 있다.

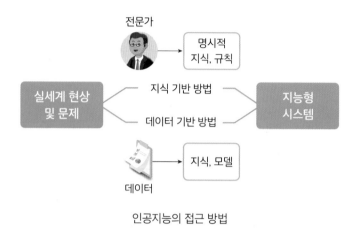

인공지능의 접근 방법

인공지능의 접근 방법은 인간의 지식 생성 과정을 적용한 지식 기반의 '지식 기반 방법'과 지능 생성의 원리 기반의 '학습(데이터) 기반 방법'이 있다. 즉, 지식 기반 방법은 인간 전문가의 지식을 명시적인 지식과 규칙으로 작성하여 이를 토대로 추론하는 방식인 전문가 시스템 등의 지능형 시스템을 구현하는 방식이다. 반면, 데이터 기반 방법은 인간이 다양한 경험에 의해 학습하듯이 수많은 데이터를 입력시켜 컴퓨터가 스스로 학습하도록 함으로써 지식과 모델을 찾아냄으로써 인공지능 시스템을 구현하는 방식이다.

12.3 지식 기반 인공지능

기호주의는 인간의 지식을 기호로 표현하고 그 기호간의 관계를 컴퓨터에 입력하여 학습시키면 입력에 따른 출력이 인간과 비슷하게 이루어질 것이라는 생각에서 출발합니다. 이러한 기호주의에 바탕을 둔 전문가 시스템은 전문가의 지식을 논리적인 규칙으로 생성하여 특정 영역에 대해서 사람의 질문에 답할 수 있는 인공지능이다.

우리는 참과 거짓을 표현하는 명제와 규칙이 있다면 무엇을 할지 결정할 수 있다. 예를 들어, 다음과 같이 '만약에 오늘은 비가 온다. 나는 공부를 한다.'라는 두 명제 간에 'p이면 q이다'라는 규칙이 있다면, 오늘 비가 오게 되면 나는 공부를 한다는 결과를 추론할 수 있다.

<명제>

p: 오늘은 비가 온다.
q: 나는 공부를 한다.

<규칙> p이면 q이다.

명제의 표현과 규칙

이러한 기호주의의 지식 기반 인공지능을 적용한 전문가 시스템은 전문가의 행동이나 사고 과정을 모방하는 방식이다. 즉, 어린아이가 여러 가지 경험을 통해서 지식을 쌓는 것처럼 상당한 지식과 노하우를 가지고 있는 특정 영역의 전문가가 해당 지식을 명제와 조건의 형태로 일일이 컴퓨터에 데이터화 한다. 즉, 전문가 시스템은 이렇게 전문가가 입력한 정보를 명시적 지식이나 규칙으로 정해 놓고 이를 바탕으로 비전문가의 질문에 추론을 통해 응답해 주는 시스템이다.

이러한 전문가 시스템은 입력된 지식이나 판단을 통해 새로운 지식을 구축하므로 인간에게서 지식을 추출하여 컴퓨터에 입력하는 과정이 중요하게 된다. 단, 전문가의 지식이 정확하지 않거나 변경될 수 있고 조건문의 형태로 되어 있기 때문에 진정한 인공지능으로 보기 어렵다고 할 수도 있다.

예를 들어, 전문가 시스템은 전문가를 통해 특정 질병의 특성 및 규칙을 작성하고 질병 감지 알고리즘에 따라 해당 증상을 발견했을 때 그 사람의 질병을 판별한다. 그리고 실제 사람의 진단과의 오차를 분석하여 충분한 성능이 나올 때까지 알고리즘을 개선하는 과정을 반복한다.

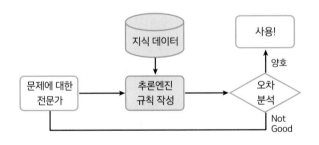

전문가 시스템의 구조

또한, 이메일로 날라오는 광고형 스팸을 처리할 때, 기존의 메일 데이터 안에서 스팸이라고 판단될 수 있는 단어나 패턴(판매, 구매, 소비, 광고 등)을 전문가에 의해 판단하여 구분하고 이를 지식 데이터로 입력해 두어 그것에 기반하여 새로운 이메일이 스팸인지 아닌지 분류할 수 있도록 인공지능 알고리즘을 설계할 수 있다.

이러한 지식 기반의 인공지능 방식은 비교적 정확한 분류 및 예측이 가능하다는 장점이 있으나, 전문가가 모든 상황의 규칙을 다 제시하기 어렵다는 점과 여러 상황에 의해 규칙이 바뀔 경우 새롭게 알고리즘을 수정해야하는 과정을 반복해야 한다는 단점이 있다.

12.4 데이터 기반 인공지능

데이터 기반 인공지능은 인간이 가진 두뇌와 최대한 비슷하게 모방하는 것에서 출발하자는 열결주의로 부터 시작된다. 지능의 발현은 뇌 안의 신경망에 의해 작동된다. 인간 뇌의 신경세포간의 연결인 신경망은 뉴런에 입력되는 신호가 일정한 기준 값을 넘으면 전기 신호를 보내는 방식으로 이루어진다. 이러한 신경망의 기본 구조와 작동원리를 모방한 것이 인공신경망의 시작이었다. 이러한 인공신경망은 인간이 직접 규칙을 만드는 지식 기반인 인공지능과 달리 데이터를 기반으로 기계가 스스로 규칙을 생성한다는 차이점을 가진다. 이러한 데이터 기반 인공지능은 해당 알고리즘에 엄청 많은 정보(빅데이터)를 제시하여 훈련[1]시키고, 일부 데이터로 테스트[2] 한 결과가 전문가와의 오차가 적다면 사용 가능하게 된다. 또한, 사용된 데이터 예측 결과는 다시 업데이트됨으로써 인공지능의 성능이 더 좋아지게 된다.

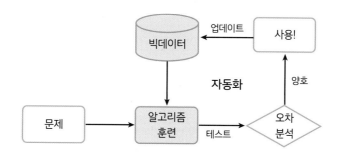

학습 기반 인공지능의 구조

---

1 훈련(Training): 데이터를 예측하거나 분류하기 위한 특징이나 주요 요소를 찾아 모델링 하는 과정
2 테스트(Test): 학습에 사용한 기존 데이터가 아닌 새로운 데이터를 제시하여 인공지능의 성능을 확인하는 것

예를 들어, 이메일로 날라오는 광고형 스팸을 처리할 때, 기존의 이메일뿐 아니라 새롭게 생성되는 메일에 대해서도 사람들이 스팸과 스팸이 아닌 것으로 분류하는 데이터를 기반으로 알고리즘이 스스로 학습하고 업데이트 할 수 있도록 한다. 따라서 새롭게 등장하는 스팸 메일의 다양한 어휘나 특징을 파악하기 매우 용이하다.

이러한 학습 기반의 인공지능은 계속적으로 업데이터 되는 데이터를 통한 학습으로 인해 규칙의 변화에 민감하게 반응할 수 있다. 즉, 별도의 추가 작업 없이 새로운 데이터의 변화에도 새로운 데이터를 인식할 수 있다. 다만, 학습 결과의 정확도를 높이기 위해서는 충분한 데이터가 요구된다. 이러한 학습 기반 인공지능 기술은 현재의 머신러닝과 딥러닝 기술의 흐름으로 이어졌다.

내가 경험해본 인공지능

■ 내가 경험해본 인공지능을 체크해보고 어떻게 우리 생활을 편리하게 하는지 기술해보자.

인공지능 기술의 경험	경험여부 (O, ×)	어떤 점이 편리한가?
지문이나 얼굴인식을 사용해 기기(핸드폰 등) 잠금을 해제한 경험이 있다.	O	비밀번호 등을 기억할 필요가 없다. 나만이 잠금을 해제할 수 있다.
앱을 이용해 노래 인식을 해본 적이 있다.		
인공지능 챗봇 프로그램과 대화를 해본 적이 있다.		
"중요" 라벨이 붙은 이메일을 받은 적이 있다.		
SNS에서 추천된 광고를 본적이 있다.		
컴퓨터(인터넷)에서 글자 자동완성 또는 자동교정을 해본 경험이 있다.		
스팸 폴더에 전송된 이메일이 있다.		
동작감지 비디오 게임을 해본 적이 있다(VR 게임, Xbox, Wii, 마리오카트 등)		
검색엔진에서 검색어 자동 채우기를 본적이 있다.		
음성으로 문자 메시지를 보낸 적이 있다.		

■ 다음과 같은 인공지능 도구를 사용해보자.

[1] 퀵 드로우(https://quickdraw.withgoogle.com/)

인공신경망 기반의 이미지 인식 프로그램

● 제시된 단어에 맞는 그림을 그리면 해당 그림을 인식하여 정답인지 아닌지 판별한다.

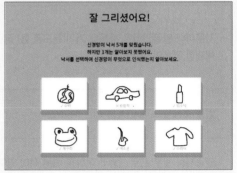

퀵드로우에는 수많은 사람들이 그린 그림 데이터가 쌓여 계속 정교하게 학습되고 있다.

[2] 오토 드로우 : Google Autodraw(https://www.autodraw.com/)

오토 드로우는 대략적인 그림을 그려주면 그와 비슷한 형태의 그림을 예측하여 여러 비슷한 이미지들을 추천해준다.

[3] 가위바위보 (https://www.afiniti.com/corporate/rock-paper-scissors)

인공지능과 가위바위보를 한다. 인공지능은 나의 패턴을 예측하여 가위바위보를 결정한다.

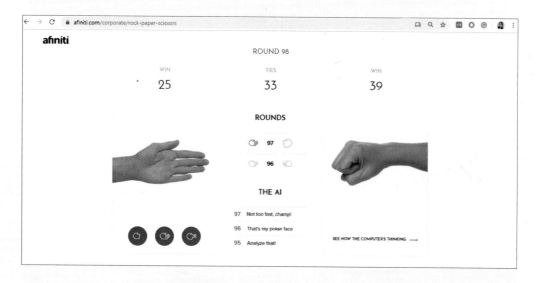

[4] Experiments with google (https://experiments.withgoogle.com/)

[5] MS 인공지능 실험실 (https://www.microsoft.com/en-us/ai/ai-lab-projects)

1. 다음 인공지능 역사와 발전에 대한 설명 중 옳지 않은 것은?

   ① 딥러닝의 창시자는 '힌튼'이다.

   ② 머신러닝은 인공지능의 학습방법론이다.

   ③ 인공지능의 3차 붐은 빅데이터에 기반한다.

   ④ 전문가 시스템은 전문가의 지식에 기반한다.

   ⑤ 인공지능은 현재 2차 붐을 맞아 성장하고 있다.

2. 다음 중 인공신경망과 관계 없는 내용은?

   ① 신경생리학자인 웨렌멕컬록에 의해 고안되었다.

   ② 인공신경망은 기호주의 학자들에 의해 전문가 시스템으로 발전한다.

   ③ 뇌 신경세포가 단순 논리 게이트 형태로 작동된다는 원리를 모방했다.

   ④ 인간의 학습 방법을 모방하여 기계가 학습하는 방법으로 만들고자 했다.

   ⑤ 수상돌기에서의 자극이 어느 값 이상일 경우 자극을 발생시키는 원리를 적용했다.

3. 다음 중 퍼셉트론에 대한 내용중 잘못된 것은?

   ① 퍼셉트론은 프랭크 로센블럿에 의해 고안되었다.

   ② 단층 페셉트론의 알고리즘은 모든 논리게이트를 구현할 수 있었다.

   ③ 퍼셉트론은 뉴런의 출력 신호 발생 여부를 결정하는 알고리즘이다.

   ④ 입력 값에 대해 가중치를 적용해 계산한 후 확인해서 결과를 전달하는 원리이다.

   ⑤ 입력, 가중치, 출력으로 구성되어 있으며 최적의 가중치 조합을 찾는 것이 학습의 목표이다.

4. 다음 중 다층 퍼셉트론과 관계 없는 내용은?

   ① 다층 퍼셉트론에 의해 비선형 문제인 XOR문제가 해결되었다.

   ② 많아진 은닉층 노드를 효율적으로 학습시키기 위해 오차역전파법을 사용했다.

   ③ 인공신경망 학습을 위한 가중치 값의 최적화에 대한 이론적인 근거는 충분했다.

   ④ 단층 퍼셉트론의 입력층과 출력층 사이에 1개 이상의 은닉층을 추가한 것이다.

   ⑤ 신경망의 깊이가 깊어질수록 원하는 결과를 얻을 수 없게되자 인공지능의 두번째 빙하기가
   시작되었다.

5. 다음 중 딥러닝과 관계 없는 내용은?

① 제프리 힌턴에 의핸 딥러닝이라는 용어가 사용되었다.

② 딥러닝은 사람과 비슷하지만 보다 빠르게 학습할 수 있다.

③ 딥러닝은 정형의 데이터만을 이용해야만 고품질의 결과를 보인다.

④ 딥러닝은 사전학습을 통해 다층 퍼셉트론에서의 문제를 해결한 것이다.

⑤ 이미지 인식 대회에서 딥러닝을 이용한 알렉스넷이 현저히 높은 성과를 보였다.

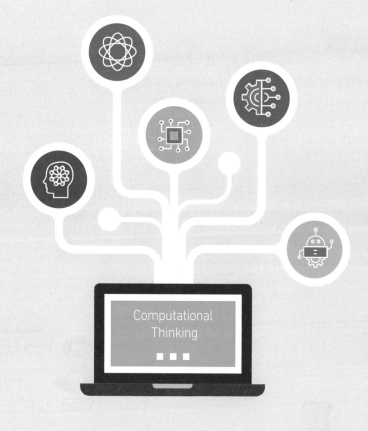

Computational
Thinking

CHAPTER 13

인공지능은
데이터 편향을 고려해야해

1. 인공지능의 알고리즘 구조에서 데이터 셋과 예측의 관계를 이해할 수 있다.
2. 인공지능에서 데이터 편향성의 문제점을 이해할 수 있다.

> 인공지능 모델을 만들 때, 데이터 편향을 고려해서 적합한 데이터도 학습시키는게 중요하구나.

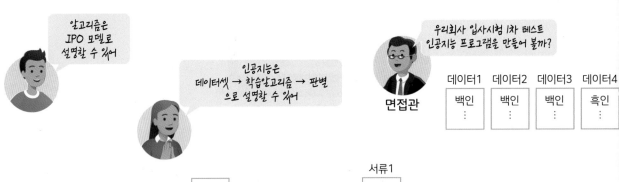

13.1 인공지능 알고리즘의 구성

컴퓨터를 실행시킬 수 있는 프로그램은 입력, 처리, 출력의 세단계로 구성된다. 입력 단계에서는 사용자가 다양한 데이터를 입력장치를 통해 컴퓨터에 전달하는 것이다. 처리는 입력으로 받은 데이터를 기억, 제어, 연산 등을 거쳐 원하는 결과를 만들어 내는 과정이다. 출력은 처리한 결과를 사용자에게 전달하는 것이다. 예를 들어, 핸드폰에 전화번호를 추가하는 과정을 이 세 가지 단계로 살펴보면, 먼저 추가한 사람의 이름과 전화번호 정보를 핸드폰의 키패트를 이용하여 입력한다(입력). 그러면 핸드폰에서는 이러한 정보를 지정된 메모리에 저장한다(처리). 그리고는 사용자에게는 연락처 목록에 보여지게 되는 것이다(출력).

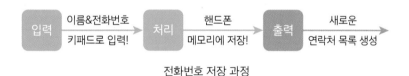

전화번호 저장 과정

인공지능도 컴퓨터 프로그램의 일종으로 입력, 처리, 출력의 단계를 거쳐 완성된다. 인공지능에서의 입력은 다양한 입력장치나 센서를 이용하여 수집된 이미지(Images), 측정 데이터 (시간, 조회수, 센티미터 등), 글자(Text), 비디오(Video) 등의 정제된 데이터의 모음인 데이터셋(Data set)을 통해 컴퓨터에 전달된다. 또한, 인공지능의 처리과정은 다양한 인공지능 학습 알고리즘을 통한 모델링 과정이라고 할 수 있다. 마지막으로 출력은 기존의 전통적인 프로그래밍 방식에서 제공한 정확한 정답이나 결정된 산출물이기보다는 결과에 대한 예측값이라고 할 수 있다. 예를 들어, 인공지능 이미지 분류기에서 제시된 특정 이미지가 85%는 강아지로, 15%는 고양이로 예측된다고 출력할 수 있다.

인공지능 프로그램의 구조

이러한 인공지능 프로그램의 구조에 따라 광고를 제공해주는 알고리즘을 예로 들자면, 예전에 사용자가 클릭했던 정보, 팔로우 하는 브랜드, 나와 유사한 사람의 정보, 작성한 글의 내용 등의 데이터가 입력되면, 그에 따라 설정한 인공지능의 다양한 학습 알고리즘에 의해 패턴과 규칙을 생성해 학습모델을 만들어 처리하고, 그 모델에 따라 사용자가 클릭할 만한 광고를 예측하여 제공해주는 것이다.

광고 제공 프로그램

또 다른 예로 인공지능 스팸필터 기술이라면, 예전에 스팸으로 분류한 메일 데이터나 이메일의 텍스트 내용을 입력 데이터로 가져와 인공지능 학습 알고리즘으로 판별 모델을 만들어 새로 들어온 메일이 스팸인지 아닌지 판별할 수 있을 것이다.

스팸 분류 프로그램

이와 같은 방식으로 우리 주변의 다양한 인공지능 기술들의 입력을 위한 데이터셋과 결과적으로 출력되는 예측내용을 추측해보면 다음과 같다.

인공지능 기술	데이터셋 (입력)	예측 내용 (출력)
지문이나 얼굴인식을 사용해 기기(핸드폰 등) 잠금을 해제한 경험이 있다.	예전 지문정보, 예전 얼굴인식 정보, 사진자료에 담긴 얼굴 정보, 홈버튼을 누르는 사용자의 지문. 여러 방향의 지문 값, 여러 부분의 지문 값, 여러 측면의 얼굴 값, 얼굴형이나 동공 등 확인, 얼굴의 눈코입 위치	자문이나 얼굴의 일치도, 해당 기기의 잠금 해제여부 제공
앱을 이용해 노래 인식을 해본 적이 있다.	예전에 들었던 노래들의 제목, 예전에 들었던 디지털 데이터화된 오디오신호, 노래의 멜로디나 가사, 노래의 가사, 멜로디, 박자, 리듬, 음의 높낮이, 각 노래들이 사용한 악기, 가수의 목소리 패턴, 노래 가사 제공 음원 사이트, 노래 별 분야 정보, 장르를 판별하는 특정 리듬	알고 싶어 하는 노래 예측 및 제공, 여러 음악들과의 유사도 예측, 특정 음악의 일치도가 높은 구간 제공

인공지능 기술	데이터셋 (입력)	예측 내용 (출력)
• 인공지능 챗봇 프로그램과 대화를 해본 적이 있다.	사람들이 일상생활에 대화한 자료들의 키워드, 비슷한 사용자들의 정보, 다양한 대화내용, 채팅 기록, 사용자의 소재 국가, 자주 틀리는 단어 및 문법, 채팅, 다음에 높은 빈도로 이어서 질문 하는 질문, 기타 웹사이트나 SNS 등의 인터넷 정보	사용자가 원하는 내용 또는 킬링 타임 예측 후 제공, 상황에 맞는 대화 예측 후 제공
• "중요" 라벨이 붙은 이메일을 받은 적이 있다.	이전에 중요메일로 분류한 메일들, 이메일의 텍스트 내용들, 자주 열어본 이메일, 영수증과 같이 쇼핑 내역의 표시, 가격표시, 자동결제의 메일일 경우 일정한 기간동안 반복에서 오는 메일 확인, 사람들이 중요 표시 많이 하는 메일 속 단어	중요메일인지 아닌지 예측하여 제공
• SNS에서 추천된 광고를 본 적이 있다.	예전 클릭정보, 사용자가 팔로우한 브랜드, 사용자와 유사한 사람의 정보, 클릭한 정보들, 자주 찾는 쇼핑몰과 옷의 종류, 최근 검색 상품, 그동안 구매했던 상품들, 사용자의 성별,. 사용자의 나이, 장바구니상품, 구매상품 등, 쇼핑몰 웹사이트 로그인 정보, 이전 쇼핑에서 샀던 컬러들의 모음, 비슷한 종류의 상품들 나열, 검색어 빈도 수	구매 할 확률이 높을 것으로 예상되는 상품 예측 후 추천 제공
• 동작감지 비디오 게임을 해본 적이 있다(VR 게임, Xbox, Wii, 마리오카트 등)	이전에 사용자가 게임기를 사용했던 자료들, 비슷한 신체조건의 자료들, 사용자의 움직임, 센서를 통한 사용자의 골격 파악, 그 게임에서 해야하는 동작, 신체동작, 방향, 다른 사람들의 동작, 기기에 등록된 지문인식, 생체 리듬과 움직임 파악	센서를 통해 인식된 동작과 실제 사용자의 동작의 유사도 예측
• 음성으로 문자 메시지	이전에 사용했던 음성문자 메시지 자료들, 텍스트 메시지 자료들, 글자와 글자의 발음, 언어, 단어, 엑센트, 억양 적용, 입력된 각 언어별 화성학적 특징, 사투리 이용자의 음의 높낮이 및 지역별 사투리 단어의 의미, 상대방의 연락처, 자주 쓰는 단어와 조합	작성할 문자 메시지 예측 후 미리보기 제공, 사용자가 전하고자 하는 말과 가장 유사한 텍스트 예측

따라서, 입력되는 데이터셋이 누구에 의해 수집된 데이터이며, 어떻게 수집된 데이터냐에 따라서 다른 결과를 예측하여 제공해 주게 된다. 예를 들어, 동일한 검색어(예: 피자집, 치킨 등)를 이용하여 정보를 검색해도 검색한 사용자의 지난 검색 이력, 로그인에 따른 개인정보, 앱 사용정보, 시간, 장소 등의 사전에 제공된 데이터에 따라 그 검색 결과가 다르게

출력될 수 있다. 따라서 제공되는 데이터셋은 인공지능 알고리즘의 성능과 공정성 등에서 매우 중요한 역할을 한다.

광고 노출을 위한 제공 데이터셋

13.2 인공지능 데이터 편향성

2018년 미국 매사추세츠공과대학(MIT)의 Joy Buolamwini와 Timnit Gebru는 주요 기술 회사에서 범용적으로 사용하고 있는 얼굴인식 시스템(Facial-analysis program)을 분석한 연구를 발표하였다. 그 연구 결과, 안면인식 기술이 피부색과 성별에 따라 인식률에 차이를 보인다는 것을 밝혔다. 그녀는 이것을 Gender Shades라고 언급하며 데이터 편향에 의해 흑인 여성의 얼굴 인식률이 백인 남성에 비해 현저히 낮다는 사실을 밝혔다. 실험 결과에서 백인으로 대표되는 피부가 밝은 남성의 경우는 단 0.8%의 오류를 보였지만, 피부색이 어두운 여성의 경우 오류율이 20~34%까지 나타났다는 것이다. 이와 같이 휴대폰, 자율주행자동차, CCTV와 같이 다양한 곳에 활용되는 얼굴인식 시스템이 피부색과 성별에 따라 다르게 작동한다면 특정인에세는 불합리한 의사 결정을 하게 되거나 사용자에게 편향된 정보를 제공할 수도 있다. 하지만, 이와 같은 편견과 불합리성이 내재된 소프트웨어는 개발자의 편견 때문만은 아닐 수 있다. 이것은 인공지능 시스템을 학습시키는데 사용한 데이터에 의해 성능이 결정되는 경우가 많기 때문이다. 즉, 학습 데이터 중에 백인 남성의 데이터가 얼굴색이 어두운 여성의 데이터보다 더 많게 입력되어 있으니 그렇게 되었을 것이다.

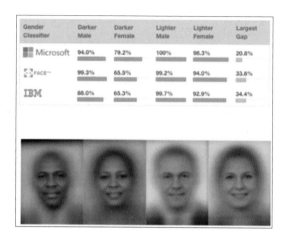

피부색에 따른 얼굴 인식 시스템의 인식률
(Gender Shades/Joy Buolamwini (US), Credit: Joy Buolamwini)

편향된 데이터란 어떤 것은 선호하고 다른 것에 우선 순위를 둔 데이터거나 일부가 배제된 데이터를 의미한다. 즉, 데이터를 어떻게 수집하였는지, 누가 수집하였는지, 어떻게 들어온 데이터인지에 따라 데이터가 변질될 수 있으며 그 결과는 편향된 예측을 가져올 수 있다.

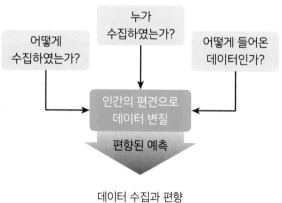

데이터 수집과 편향

이러한 데이터의 편향성은 다음과 같은 형태로 나타날 수 있다.

• 상호작용 편향(Confirmation bias) : 사람들의 상호작용에 의해 만들어질 때 누락될 수 있는 부분으로써 무의식적으로 자신의 믿음과 일치하는 방향으로 수집하여 데이터 처리 과정에 영향을 미친다. 예를 들어, 신발이라는 것을 그림으로 표현할 경우, 대부분의 사람들이 하이힐은 그리지 않음으로써 하이힐을 제시했을 경우 신발이라고 인식하지 못할

수 있다.

- 잠재적 편향(Automation bias) : 어쩔 수 없는 상황에서의 데이터, 직업과 성별 연결 편향을 의미한다. 이러한 데이터는 실제 현실을 반영하지만 부정적 편향을 강화할 수 있다. 예를 들어, 과학자나 의사 등의 일부 직업에 실제로 남성이 많은 경우, 해당 직업에 대한 데이터가 남성을 가르킬 경우가 많을 수 있다.

- 선택편향(Selection bias) : 조사 대상으로 선정된 표본이 대표성이 결여되어 생기는 편향을 의미한다. 예를 들어 특정 지역에서 데이터를 수집한 경우 그 인공지능 시스템은 해당 지역에 대한 문화, 음식, 학력 등의 편향이 존재할 수 있다. 예를 들어, 대한민국에서만 식생활에 대한 데이터를 생성하고 모델을 만든다면 이는 대한민국에 대한 편향이 발생할 것이다. 이러한 AI를 다른 나라에서 사용할 경우 문화 및 지리적 차이로 인한 편향이 발생할 것이다.

상호작용 편향

men

잠재적 평향

선택 편향

따라서 데이터 수집할 때에는 편견 없이 모든 시나리오와 사용자를 나타내는 데이터를 수집해야하며, 컴퓨터를 정확하게 훈련시키기에 충분한 데이터가 필요하다. 이러한 데이터 편향에 대한 인간의 역할에 대해 베키 화이트(Becky White) AI 리서치 프로그램 메니저는 "데이터 안에는 편향성이 존재한다는 사실을 알아야 한다. 현실의 문제의 원인과 해결책이 복합적이듯이 편향성을 제거할 수 있는 해결책도 복합적이다"라고 언급함으로써 데이터 편향에 대한 인식이 매우 중요함을 강조했다.

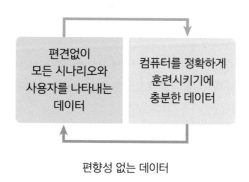

편향성 없는 데이터

Blackeley H. Payne (MIT)는 인공지능을 구현하기 전에 윤리적인 물음을 먼저 할 것을 언급한다.

> 우리는 보통 인공지능 알고리즘을 구현할 경우 '지원자 추천 알고리즘은 어떻게 구현할까?'라고 질문할 수 있다. 그러나 이에 더 나아가서 윤리적인 질문을 추가한다면 '지원자 추천을 공정하게 하려면 알고리즘을 어떻게 구현할까?'라고 물을 수 있어야 한다. 또한, 더 윤리적인 질문을 하자만 '지원자 추천 알고리즘은 과연 필요할까?'라는 근원적인 질문을 먼저 할 필요가 있다.

이러한 사례가 담긴 기사는 다음과 같다.

ISSUE 성차별: 아마존, '여성차별' 논란 인공지능 채용 프로그램 폐기

뉴스 출처: https://www.bbc.com/korean/news-45820560

전자상거래 기업 아마존이 인력 채용을 위해 도입한 인공지능(AI) 시스템을 폐기하기로 했다고 로이터 통신이 밝혔다. 통신에 따르면 아마존은 지난 10년간의 데이터를 바탕으로 지원자들의 이력서를 검토하고 채용 적합도를 판단하는 인공지능 채용 시스템을 개발해왔다. 하지만, 그 결과 여성보다 남성 지원자를 선호하는 패턴을 발견했다. 아마존은 이러한 주장에 대해 아직 입장을 밝히지 않았다. 로이터는 2014년부터 인공지능 채용 프로그램을 개발해 온 엔지니어 5명을 인용해 보도했지만, 이들의 요청으로 신분을 밝히지는 않았다.

AI 채용 프로그램은 지원자들의 이력서에 1개에서 5개 사이 별점을 부여하도록 고안했다고 밝혔다. 한 담당자는 로이터에 "100개의 이력서를 주고 프로그램이 상위 5개를 추천하면 이들을 채용하는 방식이었다"고 설명했다.

'여성 차별'

시스템 도입 1년이 지난 2015년 AI 프로그램이 지원자들을 공정하지 못하게 평가했다는 사실이 분명해졌다. AI가 추천한 지원자가 대부분 남성으로 드러났다. 인공지능 시스템이 스스로 남성 지원자가 더 바람직하다고 판단했다는 것이다. 로이터에 따르면 아마존의 AI 채용 시스템은 '여성'이라는 단어가 포함된 이력서에 감점을 주기에 이르러 특정 용어에 중립적 평가를 하도록 개선했지만, 같은 문제가 반복되지 않으리라는 확신을 주지 못했다.

이후에도 채용 담당자들은 AI를 부분 활용해 채용을 진행했지만 결국 프로젝트는 무산됐다. 아마존의 글로벌 인력은 현재 6:4 정도로 남성이 더 많다. 소프트웨어 회사 커리어빌더의 조사에 따르면, 미국 인사 담당자 중 약 55%가 AI가 향후 5년 이내에 채용에 중요한 역할을 할 것으로 생각한다고 밝혔다. 그러나 AI 알고리즘에 대한 의구심이 제기된 것은 이번이 처음이 아니다. 2017년 5월 보고서에 따르면 미국 법원의 AI가 흑인들의 재범확률이 백인보다 2배 높다고 판단한 사례도 있었다. 경찰 예측 알고리즘 역시 유사한 편향성을 보였다. 이는 애초 데이터가 흑인의 범죄에 대해 더 많은 정보를 포함했기 때문으로 알려졌다.

아마존은 2014년부터 AI 채용시스템을 개발해왔다.

ISSUE 구글 포토, 때아닌 '고릴라' 태그 논란…왜?

뉴스 출처: https://kbench.com/?q=node/152522

구글의 클라우드 서비스 '구글 포토'가 때아닌 인종차별 논란을 빚고 있다.

2일 외신에 따르면 미국 뉴욕의 흑인 프로그래머 재키 앨신은 구글 포토를 이용해 사진을 검색하던 중 구글 포토가 자신과 흑인 여성친구에 고릴라 태그를 붙인것을 발견했다.그는 즉시 자신의 트위터 계정에 "구글 포토, 당신들은 모두 X됐어"라며 "내 친구는 고릴라가 아니다"라는 글과 함께 구글 사진 캡처 이미지를 함께 공개했다.앨신이 공개한 이미지는 그가 흑인 여성친구와 함께 찍은 사진을 담고 있다. 사진상으로 보면 문제가 없지만 태그를 보면 문제가 심각해진다. 사진 태그에는 '고릴라들(Gorillas)'라는 태그가 보인다. 구글 포토의 검색 알고리즘이 흑인을 고릴라로 인식 한 것이다.

인종차별에 민감한 미국에서 벌어진 일이다 보니 당연히 논란은 일파만파 커졌다. 그의 트윗은 1500여 회 리트윗 되며 삽시간에 퍼져나갔고 미국 네티즌들은 구글을 비난하고 나섰다. 깜짝 놀란 구글은 재빨리 사과하며 사태 수습에 나섰다. 구글 측은 "이런 일이 발생해 죄송하다"면서 "문제 해결을 위해 알고리즘을 수정 하고 있다"고 밝혔다.

현재는 임시방편으로 알고리즘 시스템에서 고릴라 태그가 제거된 상태다.

언플러그드 **데이터셋과 예측 찾기**

■ YouTube 사이트(http://youtube.com)에서 다음 각각의 기능에서 데이터셋과 예측에 해당하는 것을 찾아 보자.

인공지능 기능	사용하고 있는 데이터는?	예측(학습)하고자 하는 것은?
추천 검색 (자동 완성)	다른 사람들에 의해 이전에 검색된 데이터	사용자가 찾고자 하는 영상의 검색어
광고	사용자의 시청 기록	사용자의 흥미를 끌만한 서비스 혹은 상품
맞춤 동영상		
댓글 섹션		
검색 결과		
자동 재생		

검색 결과의 차이

■ 다음과 같이 동료들과 동일한 키워드로 검색할 때 나타나는 관련 검색어를 비교해보자.

■ 다음과 같이 동료들과 동일한 검색어로 검색한 결과를 서로 비교해 보자.

머신러닝 실습: Teachable Machine

Teachable Machine은 누구나 쉽고 빠르게 머신러닝 모델을 만들어주는 웹기반 인공지능 도구이다. 또한, Teachable Machine은 머신러닝의 지도학습(Supervised learning) 방식으로 훈련한다.
주소: https://teachablemachine.withgoogle.com/

■ Teachable Machine 첫 화면의 [Get Started]를 눌러 시작해 보자.

• 인공지능 프로그램은 다음과 같이 ① 데이터셋, ② 학습 알고리즘, ③ 예측의 3단계로 구성된다.

• Teachable Machine은 이러한 구성에 맞추어 이미지 프로젝트도 ① 수집: Class별 샘플 입력(Gather), ② 훈련(Traning), ③ 출려기: 예측값 미리보기 (Preview)로 구성된다.

1단계: 수집	2단계: 훈련	3단계: 출력
컴퓨터에게 가르치고자 하는 클래스나 범주를 정하고 샘플들을 수집한다.	수집한 데이터에 대한 학습을 통해 모델을 생성하며 학습 한 즉시 테스트하여 올바르게 분류할 수 있는지 확인한다.	모델을 이용해 테스트한 결과를 확인할 수 있다. 또한, 프로젝트를 저장할 수 있으며 드라이브에 업로드하거나 다운로드 할 수 있다.

- Teachable Machine에서는 이미지, 오디오, 포즈의 3가지 데이터를 기반으로 하는 프로젝트를 만들 수 있다.

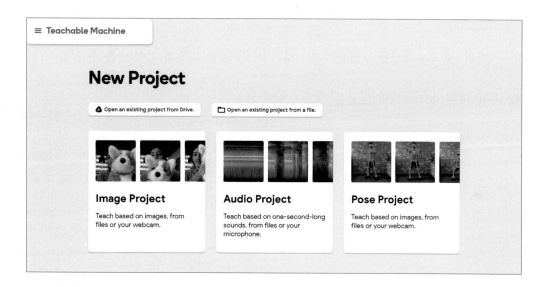

- 컴퓨터나 드라이브에 작업 중인 프로젝트를 저장하거나 불러 올수도 있다.

Teachable Machine: 이미지 분류기

■ 다양한 이미지를 구별하는 이미지 인식 모델을 만들어 봅시다.

가위, 바위, 보의 손모양을 구별하여 인식하는 머신러닝은 다음과 같이 만들 수 있다.

❶ 가위, 바위, 보의 3개의 Class를 만들어 입력한다.

❷ 가위, 바위, 보에 해당하는 이미지 샘플을 입력하기 위해 Webcam 모드에서 웹캠을 켜고 [Record 6 Seconds] 버튼을 클릭한다. 초당 24장씩 6초간 샘플링하게 된다. (설정 수정 가능) 다양한 각도에서 촬영하도록 한다. (이미지 파일을 업로드 할 수도 있다.)

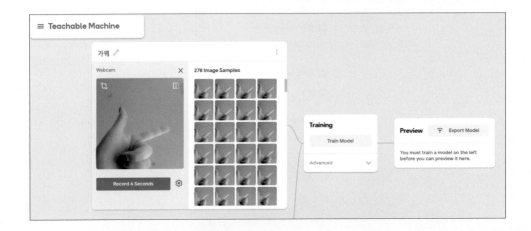

❸ 입력된 샘플 데이터를 바탕으로 중간의 Training의 [Train Model] 버튼을 눌러 머신러닝 학습을 진행시킵니다.

  ※ 기본 설정- Epochs: 50, Batch Size: 16, Learning Rate: 0.01

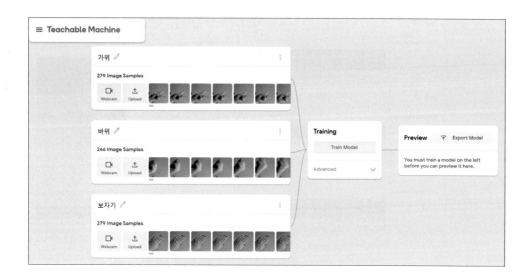

❹ 훈련이 끝나면 3번째 단계인 Preview에서 예측 성능에 대한 실시간 테스트가 가능하다.

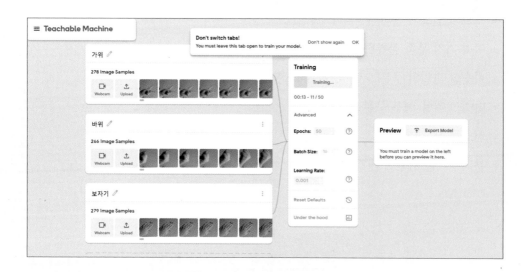

❺ Output의 결과가 정확하지 않거나 특정 상태의 이미지를 인식하지 못한다면 샘플을 더 추가하거나 삭제하는 등의 샘플 재구성을 통해 정확도를 높일 수 있다.

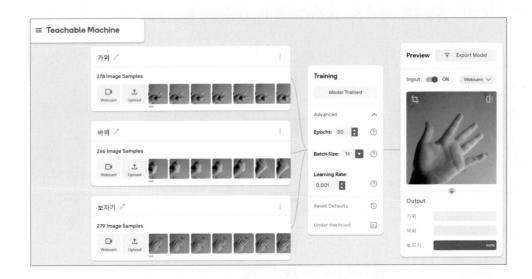

■ 다음의 사례들을 참고하여 나만의 이미지 분류기를 만들어 봅시다.

- 도로와 인도 구분하기

- 여러 가지 부품 분류하기

- 비슷한 과일의 구분(오렌지, 귤, 레드향 등)

- 마스크 착용 여부 구분

- 신호등 색 구분

- 분리수거를 위한 쓰레기 분류

Teachable Machine: 소리 분류기

■ 다양한 소리를 구별하는 소리인식 모델을 만들어 봅시다.

실로폰의 각 음을 구별하여 인식하는 머신러닝은 다음과 같이 만들 수 있다.

❶ 배경소리를 추출하여 원음만을 훈련시킬 수 있도록 Background Noise의 [Recode 20 Seconds]를 클릭하여 배경소리를 녹음한다. [Extract Sample] 버튼을 눌러 소리 샘플을 추출한다. (소리 파일을 업로드 할 수도 있다.)

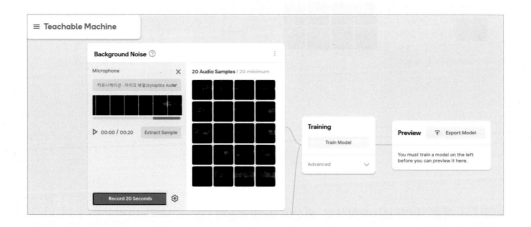

❷ 도, 레, 미, 파....의 음별로 Class를 만들어 입력한다.

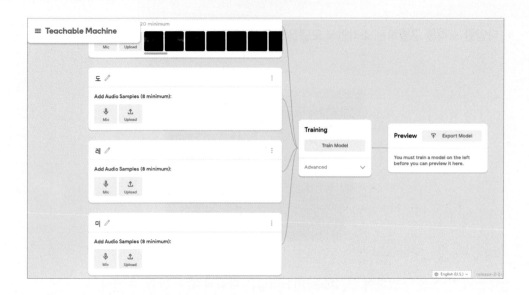

❸ 클래스에 해당하는 음을 쳐가며 녹음 후 8개 이상의 소리 샘플을 추출한다.

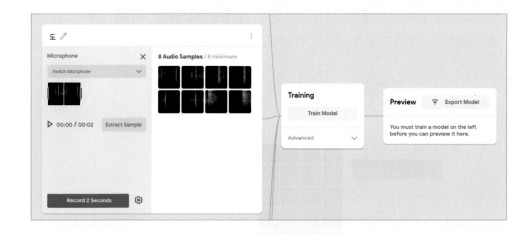

❹ 입력된 샘플 데이터를 바탕으로 중간의 Training의 [Train Model] 버튼을 눌러 머신러 닝 학습을 진행시킵니다.

※ 기본 설정– Epochs: 50

⑤ 훈련이 끝나면 3번째 단계인 Preview에서 예측 성능에 대한 실시간 테스트가 가능하다.

❺ Output의 결과가 정확하지 않거나 특정 상태의 이미지를 인식하지 못한다면 샘플을 더 추가하거나 삭제하는 등의 샘플 재구성을 통해 정확도를 높일 수 있다.

■ 다음의 사례들을 참고하여 나만의 소리 분류기를 만들어 봅시다.

• 가족들의 목소리 분류기

• 동물의 울음소리 분류기

• 아이의 울음소리에 따른 의미 분류기

Teachable Machine: 포즈 분류기

- 다양한 포즈를 구별하는 동작인식 모델을 만들어 봅시다.

어느쪽 손을 위로 들어올렸는지 다양한 포즈를 구별하여 인식하는 머신러닝은 다음과 같이 만들 수 있다.

❶ 왼손, 오른손, 양손의 2개의 Class를 만들어 입력한다.

❷ 오른속, 왼손, 양손에 해당하는 포즈 샘플을 입력하기 위해 Webcam 모드에서 웹캠을 켜고 [Record 6 Seconds] 버튼을 클릭한다. 초당 24장씩 6초간 샘플링하게 된다. (설정 수정 가능) 다양한 각도에서 촬영하도록 한다. (이미지 파일을 업로드 할 수도 있다.)

❸ 입력된 샘플 데이터를 바탕으로 중간의 Training의 [Train Model] 버튼을 눌러 머신러닝 학습을 진행시킵니다.

※ 기본 설정− Epochs: 50, Batch Size: 16, Learning Rate: 0.0001

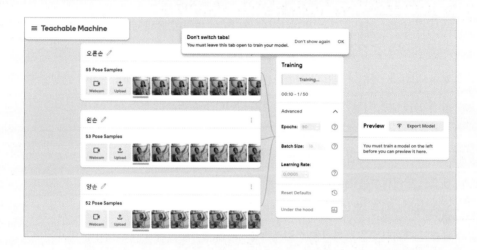

❹ 훈련이 끝나면 3번째 단계인 Preview에서 예측 성능에 대한 실시간 테스트가 가능하다.

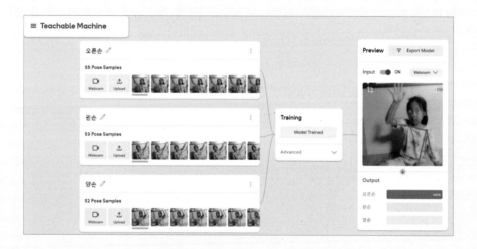

❺ Output의 결과가 정확하지 않거나 특정 상태의 이미지를 인식하지 못한다면 샘플을 더 추가하거나 삭제하는 등의 샘플 재구성을 통해 정확도를 높일 수 있다.

■ 다음의 사례들을 참고하여 나만의 이미지 분류기를 만들어 봅시다.

- 책상에서의 자세 분류기

- 댄스 동작 감지기

1. 다음 중 인공지능의 데이터 편향성에 대한 설명 중 잘못 된 것은?

　① 조사 대상으로 선정된 표본의 대표성이 결여되어 편향이 발생할 수 있다.

　② 어쩔 수 없이 실제 상황에서의 데이터로 인해 직업과 성별에 대한 편향이 발생할 수 있다.

　③ 무의식적으로 자신의 믿음과 일치하는 방향으로 데이터가 수집되어 편향이 발생할 수 있다.

　④ AI 훈련을 위한 다양한 대상의 많은 양의 데이터를 수집하는 것은 편향을 발생시킬 수 있다.

2. 다음 중 데이터셋에 대한 설명중 바르지 않은 것은?

　① 테스트 데이터셋은 분류기를 훈련시키는데 사용하는 것이 좋다.

　② 훈련 데이터셋은 각 데이터가 무엇인지 가르치기 위해 사용하는 데이터이다.

　③ 테스트 데이터셋은 분류기를 훈련시킨 후, 제대로 작동하는지 테스트하는 데이터이다.

　④ 재구성 데이터셋은 훈련 데이터셋을 더 다양하고 폭넓게 만들기 위해 사용하는 데이터이다.

3. Teachable Machine을 이용한 머시러닝 모델학습과정에 대한 설명 중 바르지 않은 것은?

　① Gather단계에서는 컴퓨터에게 가르치고자 하는 클래스를 정하고 데이터를 수집한다.

　② Train 단계에서는 수집한 데이터에 대한 학습을 통해 모델을 생성한다.

　③ 학습이 완료되면 테스트하여 분류의 정확도를 확인하는 데까지 오랜 시간이 걸린다.

　④ Export 단계에서는 모델을 이용해 테스트한 결과를 확인할 수 있다

4. Teachable Machine에서 학습하여 생성 가능한 분류기 모델 형태가 아닌 것은?

　① 이미지　　　　　　　　　　　② 소리

　③ 포즈　　　　　　　　　　　　④ 텍스트

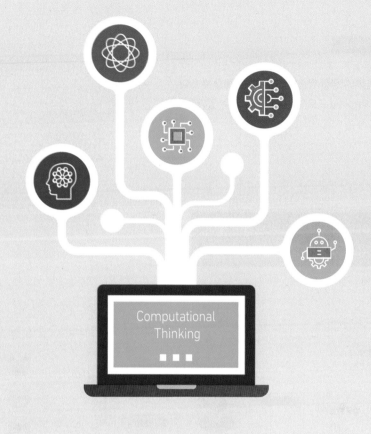

CHAPTER 14

머신러닝은 데이터로
스스로 학습을 하지

1. 머신러닝의 다양한 학습방법에 대해 이해할 수 있다.
2. 다양한 머신러닝 프로젝트를 구현해 볼 수 있다.

> 머신러닝이 점점 똑똑해지는 느낌이 들어.
> 머신러닝의 원리를 더 알고 싶어.

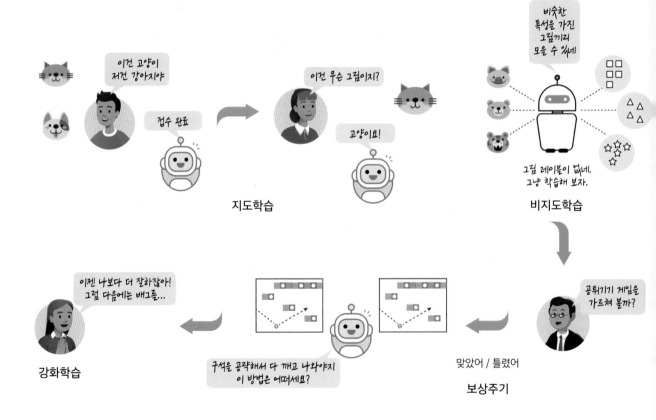

14.1 인공지능과 머신러닝

인공지능, 머신러닝, 딥러닝의 관계

우리가 자주 듣는 인공지능, 머신러닝, 딥러닝의 관계는 위의 그림과 같다. 딥러닝은 인공신경망 학습 방법에 기반한 머신러닝(기계학습)의 일종이며, 머신러닝은 인공지능의 일종이라고 할 수 있다.

머신러닝은 복잡한 알고리즘을 이용해 대량의 데이터를 분석하여 패턴을 인식하고, 그것을 바탕으로 예측하는 방식이다. 이러한 머신러닝 방식은 기존의 프로그램과 같이 인간이 소프트웨어에 특정 규칙이나 명령을 입력할 필요가 없다.

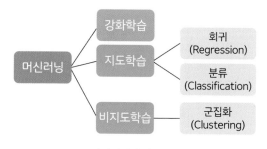

머신러닝의 학습방식

머신러닝은 레이블(분류 정답)을 이용에 따라 지도 학습((Supervised Learning)과 비지도 학습(Unsupervised Learning), 그리고 강화학습(Reinforcement Learning)으로 분류할 수 있다.

14.2 지도학습(Supervised Learning)

부모는 아이에게 색깔을 가르칠 때 각각의 이미지를 가리키며 갈색, 초록색, 노란색 등과 같이 가르치게 된다. 이와 같이 다양한 사례를 통해 시각적인 정보와 언어정보를 일치 시키는 것을 반복함으로써 아이가 색깔을 분류하는 학습을 하도록 도와준다.

이와 같이 지도학습은 어린 아이에게 색깔, 동물 이름을 하나하나 짚어주며 알려주듯이 사람이 알고 있는 지식에 기반을 두어 각 데이터에 레이블(Label), 즉, 정답을 알려주며 컴퓨터를 학습시키는 방식이다.

지도학습은 데이터와 과제의 유형에 따라 예측을 위한 회귀(Regression)와 두 레이블의 구분을 위한 분류(Classification)의 두 가지 방식으로 나누어 볼 수 있다.

1 분류(Classification)

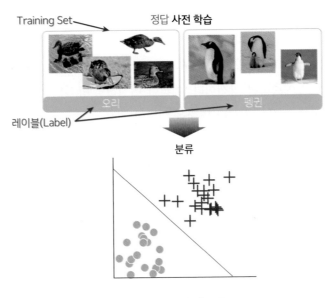

머신러닝 지도학습의 분류

예를 들어, 세상에는 여러 종류의 오리가 있는데 각각의 오리 이미지에 레이블(정답)을 붙여 학습시킨다. 이때 사용하는 데이터 셋을 훈련용 셋(training set)이라고 한다. 또, 펭귄이라는 이미지에 레이블을 붙여 학습시킬 수도 있다. 그렇게 수많은 데이터를 사용하여 정답을 가진 이미지를 입력시키면 오리와 펭귄의 색, 부리모양, 크기, 날개나 발의 모양 등의 특성을 컴퓨터가 파악하여 스스로 학습하게 된다. 결국 컴퓨터는 오리와 펭귄을 구별할 수 있게 되는 것이다.

입력 이미지의 예측

이렇게 훈련된 컴퓨터에게 이젠 기존에 훈련용 셋에서 사용하지 않았던 새로운 이미지를 입력해봄으로써 그 성능을 테스트해볼 수 있다. 이러한 테스트용 새로운 이미지는 테스트 셋(test set)이라고 하며, 이러한 테스트셋에 의해 정확도를 확인해볼 수 있으며, 이때 원하는 만큼의 정확도를 나타내지 않는다면 더 많은 훈련이 필요하게 될 것이다.

손글씨 인식

스팸 분류

얼굴 인식

2 회귀(Regression)

회귀는 연속된 숫자 값에서 해당 데이터가 어느 숫자 값을 가질지에 대해 예측하기 위해 사용한다. 예를 들어 특정 물건의 광고 노출 횟수가 많을수록 판매량이 증가한다고 했을

때, 광고 횟수를 3배 늘렸을 경우의 판매량이 얼마나 늘어날지 예측할 수 있도록 하는 것
이다. 또, 지역과 평수라는 구분요소(feature)에 따라 아파트 가격이 데이터들을 통해 또
다른 지역이나 다른 평수의 아파트의 가격이 얼마인지 예측해 볼 수도 있다.

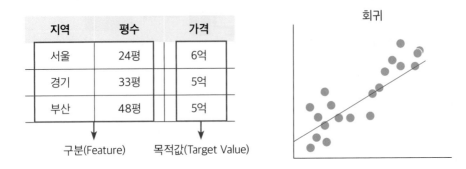

머신러닝 지도학습의 회귀

14.3 비지도학습(Unsupervised Learning)

비지도 학습이란 주어진 데이터에 대해 레이블(정답)을 제공하지 않고 학습시키는 방식을
의미한다. 따라서 인공지능이 스스로가 데이터 간의 패턴을 찾아 분류 요소를 찾고 비슷한
유형의 데이터끼리 묶이도록 하는 방법이다. 즉, 수많은 데이터의 여러 요소간의 유사성에
따라 여러 개의 군집으로 나누어질 수 있다. 예를 들어, 비지도 학습은 다음과 같이 펭귄과
오리에 대해 정답레이블을 제공하지 않아도 인공지능 스스로 군집화하는 방식을 의미한다.

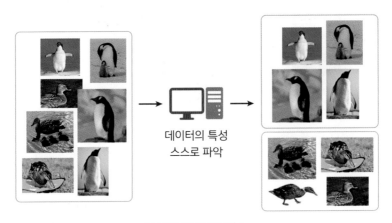

머신러닝의 비지도학습

비지도 학습은 데이터를 비슷한 특징을 가진 자료끼리 묶는 군집화(Clustering)를 가능하게 한다. 분류는 데이터를 일정한 기준에 따라 직선으로 분류하는 것이지만, 클러스터링은 유사성에 따라 몇 개의 그룹으로 묶는 것을 말한다. 이러한 비지도학습의 클러스터링 방식은 사람이 분류기준을 명확히 제시하기 어려운 목표마케팅, 추천시스템, 데이터 마이닝, 고객 세분화 등의 분야에 적용할 수 있다. 가장 대표적인 클러스터링 방식은 K-means로써 이것은 주어진 데이터를 사용자가 지정한 K개의 군집으로 나누는 방법을 의미한다. 군집을 나누는 방법은 각 군집에 포인트를 할당하고 반복적인 계산을 통해 각 포인트들의 거리나 밀도를 계산하여 평균 좌표 값들의 중심을 찾는 방식이다.

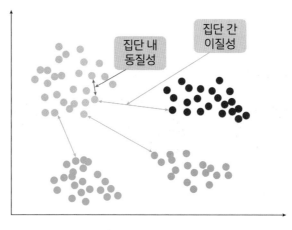

비지도학습의 군집화

이러한 방식은 다양한 추천 시스템에서도 적용된다. 이것은 나와 비슷한 경험을 한 사람들끼리 그룹화함으로써 나와 비슷한 다른 사람들의 그룹데이터를 이용하여 나에게 추천을 해준다. 예를 들어, 책이나 옷을 구입할 때 추천 상품을 제시해주거나, 유튜브나 SNS에서 추천영상이나 광고를 제공할 때 적용될 수 있다.

14.4 강화학습(Reinforcement learning)

강화학습은 주어진 입력에 대한 출력, 즉 정답 행동이 주어지지 않는다. 대신 일련의 행동의 결과에 대해 보상(reward)이 주어지게 되며, 시스템은 이러한 보상을 이용해 학습을 실행한다.

벽돌깨기로 유명한 아타리사의 Breakout이라는 게임이 있다. 인공지능에게 오직 '최대한 높은 점수를 획득하라' 라는 명령만을 주고 규칙이 무엇인지, 이 게임이 어떠한 것인지, 어떻게 점수를 내는지 제공하지 않았다. 명령 10~20분 후의 인공지능은 아직 많이 미숙해 보였다. 아직은 어떠한 경우에 점수를 얻는지 혹은 점수를 얻지 못하는지에 대해 분류해 내지 하지 못하기 때문이다. 시간이 지나고 많은 수행을 거쳐 제법 능숙해진 인공지능은 120분이 지나자 10분전과는 아주 능숙한 결과를 보였다. 심지어는 240분이 경과하자 한쪽 벽을 공으로 집중적으로 파서 벽돌 위쪽으로 올릴 경우(가중치 방식) 생존율이 높아지고, 더 높은 점수를 얻을 수 있다는 것을 스스로 알아낸다. 이것이 강화학습의 결과이다. 이러한 강화학습은 게임, 알파고, 로봇 관절제어 등에 적용된다.

강화학습을 이용한 아타리사 벽돌깨기 게임

1. Machine Learning for Kids 시작하기

■ 접속 주소(https://machinelearningforkids.co.uk)

❶ ML4Kids는 [데이터 수집], [훈련],
[만들기]의 3단계로 이루어집니다.
[프로젝트로 이동]를 클릭합니다.

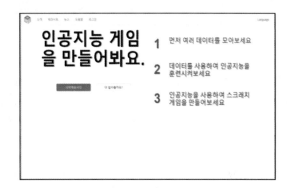

❷ 간단한 텍스트, 숫자, 소리 프로젝트
는 등록하지 않아도 시작할 수 있습
니다. 등록 건너뛰기 → [지금 실행해
보기]를 클릭합니다.

❸ 나의 머신러닝 프로젝트를 추가할 수 있습니다. 단, 프로젝트명은 영어로 입력합니다.
자체적으로 제공되는 데이터를 이용한 프로젝트 템플릿을 불러올 수도 있습니다.

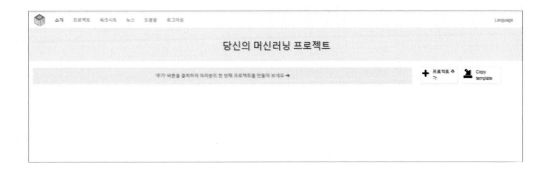

TIP [지금 실행 해보기]와 [계정 만들기]의 차이점

	지금 실행 해보기	계정 만들기
사전 훈련된 머신러닝 모델 사용	○	○
프로젝트 만들기	1개	여러 개
프로젝트 저장 및 불러오기	×	○
인식을 위한 머신러닝 모델 훈련 — 텍스트	○	○
인식을 위한 머신러닝 모델 훈련 — 숫자	○	○
인식을 위한 머신러닝 모델 훈련 — 소리	○	○
인식을 위한 머신러닝 모델 훈련 — 이미지	×	○
머신러닝 모델 활용 언어 — 스크래치	○	○
머신러닝 모델 활용 언어 — 파이썬	○	○
머신러닝 모델 활용 언어 — 앱인벤터	○	○
머신러닝 프로젝트 작업	몇 시간 동안만	계속
머신러닝 프로젝트 작업	한 대의 컴퓨터만	온라인 어디서나
머신러닝 프로젝트 작업	혼자서	혼자 & 친구와

2. 방문지 추천 시스템

■ 고객의 반응을 통해 해당 방문지에 대해 긍정적인지 부정적인지 판별해 주는 인공지능 프로그램을 만들어 봅시다.

⚙️ STEP 1   프로젝트 생성

❶ 프로젝트 이름을 [Emotion]이라고 하여 머신러닝 프로젝트를 생성해 봅시다. 데이터 입력 방식은 [텍스트], 인식할 언어는 [Korean]으로 선택한 후, [만들기]를 클릭합니다.

❷ 텍스트 데이터를 인식하는 Emotion라는 이름의 프로젝트가 생성됩니다.

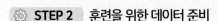

STEP 2   훈련을 위한 데이터 준비

❶ 프로젝트로 들어가서 [훈련]을 클릭합니다.

❷ 텍스트 데이터를 입력하고 훈련시키기 위해서는 먼저 레이블을 만들어 주어야 합니다. 먼저 어떤 유형의 레이블을 만들지 구상하고 [새로운 레이블 추가]를 클릭하여 레이블을 만듭니다.

❸ 데이터의 특성을 구별해줄 레이블 이름을 영어로 적고 [추가]를 클릭합니다.

❹ 긍정의 의미를 가진 데이터를 담을 [positive] 레이블과 부정의 의미를 가진 데이터를 담을 [negative] 레이블을 생성합니다.

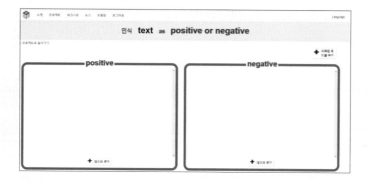

❺ 각 레이블 하단의 [데이터 추가]를 클릭하여 각 레이블에 해당하는 의미의 텍스트를 입력하고 [추가]를 클릭합니다.

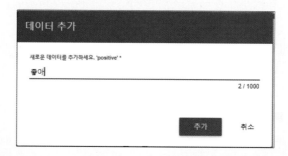

❻ positive에는 긍정의 의미를 포함하는 단어나 문장을 입력하고, nagative에는 부정의 의미를 포함하는 단어나 문장을 입력합니다. 두 레이블의 데이터양을 비슷하게 하고 다양하게 입력할수록 데이터 훈련이 잘 됩니다.

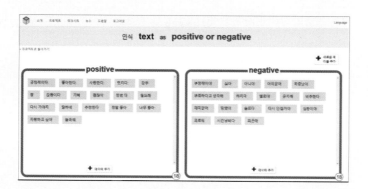

인공지능실습

⚙ STEP 3   학습 & 평가

❶ [프로젝트로 돌아가기]로 프로젝트 메인화면으로 이동한 후, [학습&평가] 단계로 들어 갑니다.

❷ 머신러닝의 모델을 만들기 위해 [새로운 머신러닝 모델을 훈련시켜보세요]를 클릭합니다.

❸ 훈련이 시작되면 시작한 시간, 모델의 상태, 최근 모델 체크 시간의 정보가 나타납니다. 훈련이 완료될 때까지는 training 상태로 수초 또는 수분이상이 걸릴 수 있으므로 하단의 퀴즈를 풀며 기다립니다.

❹ 학습이 완료되면 Avaiable로 바뀌며 모델을 테스트해볼 수 있습니다. 테스트를 위해 여러번 긍정 또는 부정의 의미를 담은 문장이나 단어를 입력하고 [테스트] 해봅니다. 테스트 결과가 의도대로 나오면 훈련이 잘 되었다고 볼 수 있으나, 내가 입력한 표현에 대한 반응이 맞지 않게 나오면 훈련 데이터를 레이블의 각 의미에 맞게 더 추가합니다.

⚙️ **STEP 4**   머신러닝 모델을 활용하여 프로그램 만들기

❶ [프로젝트로 돌아가기]로 메인 메뉴로 돌아와서 다음 단계인 [만들기]를 클릭합니다.

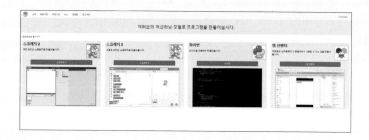

❷ 이제 만들어진 머신러닝 모델을 이용하여 내가 원하는 프로그래밍 언어(스크래치 2, 스크래치 3, 파이썬, 앱인벤터) 중 하나를 골라 인공지능 프로그램을 만들 수 있습니다. 여기서는 [스크래치 3]을 이용하여 프로그램을 만들어 봅니다.

❸ 스크래치를 이용한 프로젝트를 구현하기 위해 사용되는 머신러닝 관련 블록에 대한 설명이 나옵니다.

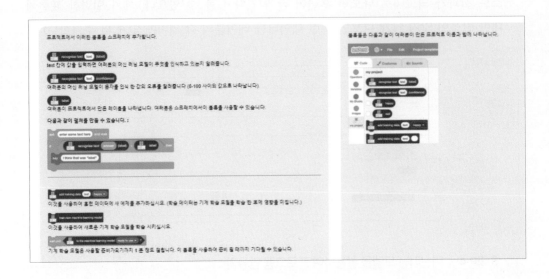

🄰 TIP   스크래치에 추가되는 머신러닝 블럭

ML text 텍스트 인식하기(레이블)	text 칸에 값을 입력하면 머신러닝 모델이 무엇을 인식하였는지를 알려준다.
ML text 텍스트 인식하기(정확도)	머신러닝 모델이 text를 인식한 값의 정확도를 알려준다.(0 - 100 사이의 값으로 나타낸다).
ML positive ML nagative	머신러닝 프로젝트에서 만든 레이블을 나타낸다. 스크래치에서 이 블록을 사용할 수 있다.

❹ [스크래치 3]을 열면 새로운 창이 열리면서 [my project] 라는 새로운 블록 카테고리가
생긴 스크래치3이 열립니다.

❺ 배경과 데이터를 입력받을 객체(사
람)를 추가합니다.

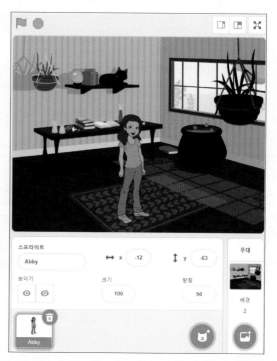

❻ [변수] 카테고리에서 긍정에 대한 수치와 부정에 대한 수치를 저장할 변수[긍정]과 [부정]을 만듭니다.

❼ 변수 [긍정]과 [부정]은 0으로 초기화 합니다.

❽ [묻고 기다리기] 블록을 이용하여 방문한 상점에 대한 인상이나 후기를 묻습니다.

❾ 해당 상점에 대한 후기 텍스트가 긍정적인 반응인지, 부정적인 반응인지 판별하기 위해, 해당 대답 텍스트에 대한 인식결과가 [positive] 레이블과 같은지, [negative] 레이블과 같은지 확인하는 조건문을 만듭니다.

⓾ 머신러닝 모델에 의한 입력 텍스트의 인식 결과가 positive라면 "긍정적이시군요^^"라는 피드백을 제공하고, negative라면 "부정적이시군요ㅠ" 등으로 피드백해 줄 수 있습니다.

⓫ 긍정적인 인식 결과에 대해서는 [긍정] 변수에 1만큼 추가하고, 부정적인 인식 결과에 대해서는 [부정] 변수에 1만큼 추가한다.

⑫ 프로젝트를 실행해 봅시다. 다양한
형태로 프로젝트를 변형시킬 수 있
습니다.

3. 챗봇 만들기

■ 동물의 다양한 특징을 알 수 있는 동물 챗봇 프로그램을 만들어 봅시다.

⚙ **STEP 1**   프로젝트 생성

❶ 프로젝트 이름을 [Rabbit Bot]이라고 하여 머신러닝 프로젝트를 생성해 봅시다. 데이터
입력 방식은 [텍스트], 인식할 언어는 [Korean]으로 선택한 후, [만들기]를 클릭합니다.

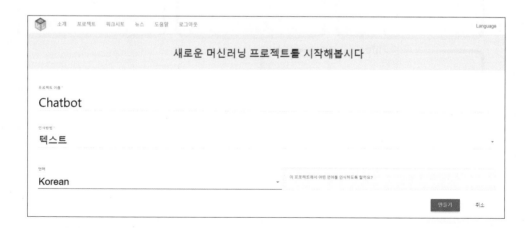

STEP 2   [훈련] 훈련을 위한 데이터 준비

❶ 프로젝트로 들어가서 [훈련]을 클릭합니다.

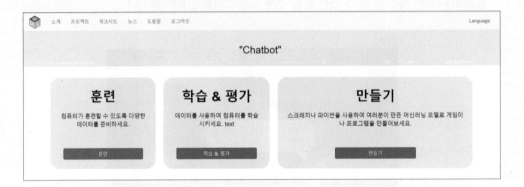

❷ 텍스트 데이터를 인식하는 프로젝트가 생성되면 [food], [location], [size], [life] 등의
레이블을 추가합니다.

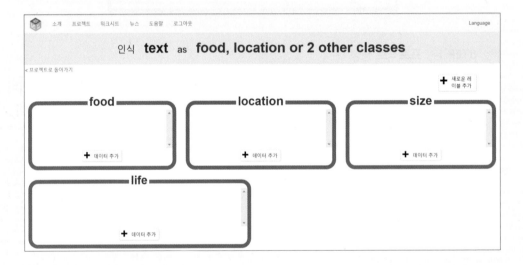

❸ 각 레이블 하단의 [데이터 추가]를 클릭하여 각 레이블에 해당하는 의미의 텍스트를 입력하고 [추가]를 클릭하여 관련된 다양한 질문 내용을 추가합니다.

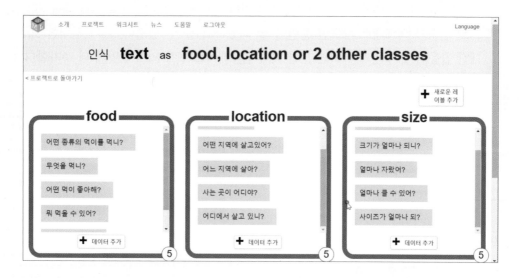

⚙ **STEP 3**   [학습 & 평가]

❶ [프로젝트로 돌아가기]로 프로젝트 메인화면으로 이동한 후, [학습&평가] 단계로 들어갑니다.

❷ 머신러닝의 모델을 만들기 위해 [새로운 머신러닝 모델을 훈련시켜보세요]를 클릭합니다. 학습이 완료되면 Avaiable로 바뀌며 모델을 테스트해볼 수 있습니다. 테스트를 위해 대상에 대한 정보를 묻는 새로운 문장이나 단어를 입력하고 [테스트] 해봅니다. 테스트 결과가 의도대로 나오면 훈련이 잘 되었다고 볼 수 있으나, 내가 입력한 표현에 대한 반응이 맞지 않게 나오면 훈련 데이터를 레이블의 각 의미에 맞게 더 추가합니다.

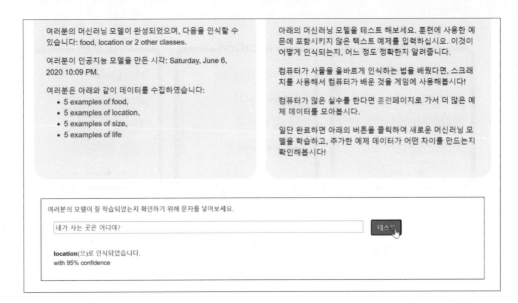

⚙️ STEP 4   [만들기] 머신러닝 모델을 활용하여 프로그램 만들기

❶ [프로젝트로 돌아가기]로 메인 메뉴로 돌아와서 다음 단계인 [만들기]를 클릭합니다.

❷ 이제 만들어진 머신러닝 모델을 이용하여 내가 원하는 프로그래밍 언어(스크래치 2, 스크래치 3, 파이썬, 앱인벤터) 중 하나를 골라 인공지능 프로그램을 만들 수 있습니다. 여기서는 [스크래치 3]을 이용하여 프로그램을 만들어 봅니다.

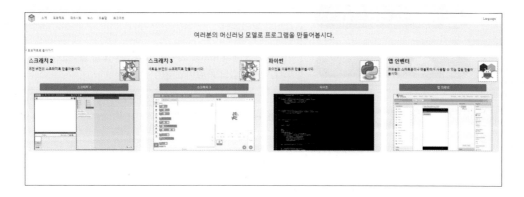

❸ 스크래치를 이용한 프로젝트를 구현하기 위해 사용되는 머신러닝 관련 블록에 대한 설명이 나옵니다.

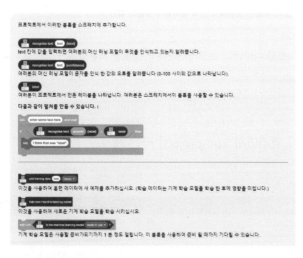

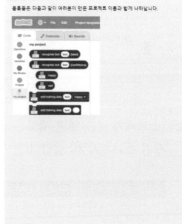

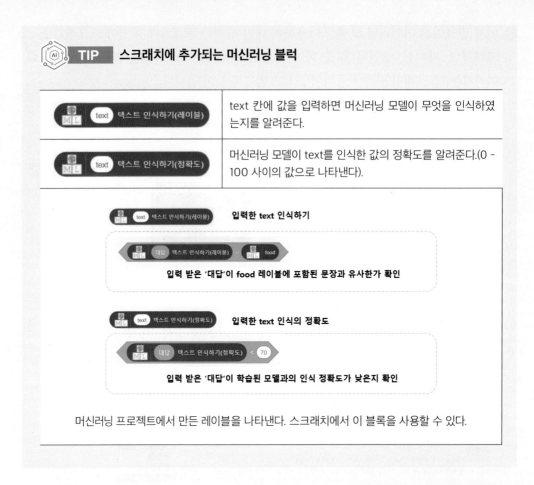

❹ [스크래치 3]을 열면 새로운 창이 열리면서 [my project] 라는 새로운 블록 카테고리가
생긴 스크래치3이 열립니다.

❺ 배경과 데이터를 입력받을 객체를 추가합니다.

❻ [변수] 카테고리에서 토끼의 말을 저장할 [토끼의 말]이라는 변수를 만들고, "안녕! 나에 대해 뭐든지 물어봐!" 라고 정합니다.

❼ 토끼의 말을 [묻고 기다리기] 블록을 이용하여 사용자의 응답을 계속 입력받을 수 있도록 합니다.

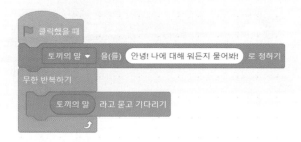

⑧ 대답으로 입력된 문장이나 단어에 대한 인식률(정확도)가 70% 미만이면 "다시 말해줄래? 잘 알아듣지 못했어."라고 [토끼의 말] 변수에 넣어 응답하도록 한다.

⑨ [텍스트 인식하기(레이블)]블럭 값과 [food] 블록 값을 비교하여 사용자의 대답이 머신러닝 모델에 의한 [food] 레이블의 응답과 유사하다면 [토끼의 말] 변수에 food에 관련된 정보로 넣어줍니다.

⑩ 마찬가지로, location, size, life에 대해서도 [텍스트 인식하기(레이블)]과 각각의 레이블과 비교하여 유사하다면 해당되는 응답을 하도록 합니다.

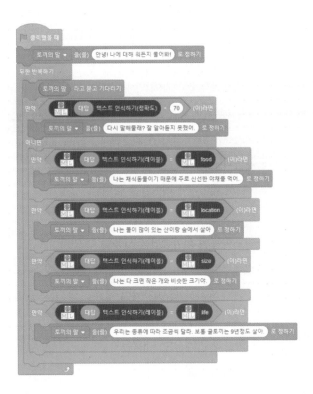

⑪ 프로젝트를 실행해 봅시다. 또한, 다양한 형태로 프로젝트를 변형시킬 수 있습니다.

1. 다음 중 머신러닝과 관계가 없는 내용은?

① 머신러닝의 학습 방법에는 지도학습과 비지도 학습이 있다.

② 바둑과 같은 게임에서는 주로 보상을 통한 강화학습이 사용된다.

③ 데이터와 정답이 함께 제공되어 학습하여 스스로 규칙을 생성한다.

④ 머신러닝은 지식 기반 방법으로써 전문가에 의해 규칙이 만들어 진다.

⑤ 지도학습과 비지도학습은 데이터에 대한 레이블 여부에 의해 구분된다.

2. 다음 중 머신러닝의 지도학습과 관계가 없는 내용은?

① 지도학습에서는 학습을 위해 데이터에 레이블을 붙인다.

② 지도학습을 통해 자동차 번호판 인식률을 높일 수는 없다.

③ 인구증가 예측을 위해 지도학습의 회귀방법을 사용할 수 있다.

④ 회귀란 종속 변수와 독립변수들 사이의 관계를 통해 예측하는 것이다.

⑤ 분류는 주어진 데이터 중에서 유사한 특성을 가진 것으로 나누는 것이다.

3. 다음 중 머신러닝의 비지도 학습과 관계 없는 내용은?

① 비지도 학습은 계산의 복잡성이 비교적 간단하다.

② 비지도학습에서는 데이터에 레이블을 붙이지 않는다.

③ 비지도 학습은 제시한 군집의 개수에 따라 그룹화된다.

④ 데이터 집합의 유사성에 따라 나누는 작업을 클러스터링이라고 한다.

⑤ 비지도 학습의 응용 분야는 비슷한 성향의 고객으로 분류하는 것이 있다.

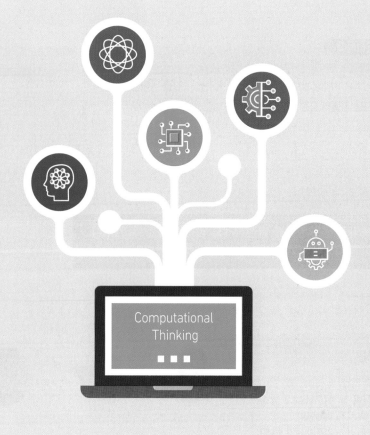

CHAPTER 15

인공지능은
두 얼굴을 가지고 있어

1. 알고리즘은 이해관계자에 의해 다양한 목적을 가짐을 이해할 수 있다.
2. 인공지능 기술의 긍정적 영향과 부정적 영향을 예상할 수 있다.

인공지능의 발전은 인류를 발전하게도 망하게도 할 수 있구나.
터미네이터 시대가 되지 않으려면 어떻게 해야 할까?

난 아이언맨의
자비스가 내 비서면
좋겠어

시킬 일 목록   시키지 않아야 할 일

시킬 일 목록	시키지 않아야 할 일
· 일정관리	· 숙제하기
· 운전하기	· 가족과 시간 보내기
· 요리하기	

왜? 무슨 일을 시키고 싶은데?

나의 이상형을
찾아달라고 할거야

지구 끝까지
가서라도
만나고 말테다

미런, 좀 더 좋은 일에
사용하는건 어때?
아이언맨처럼 지구를
구하는 일은 어때?

음…
그럼 이상형을 찾고
지구를 구하지 뭐

먼저 재난구조 로봇부터 만들어 볼까?

데니스홍

개념 이해

15.1 인공지능 알고리즘의 목적성

우리는 알고리즘 시대에 살고 있다. 알고리즘은 입력 데이터를 이용해 우리가 원하는 출력을 제공해주기 위한 구체적인 단계 또는 지시다. 인공지능도 이러한 알고리즘으로 내게 필요한 콘텐츠를 제안해주고, 적성에 따른 진로를 안내해주고, 질병에 대한 진단 결과도 분류하고 심지어 면접도 본다. 또한, 인터넷 상의 다양한 정보를 사용자의 의도에 맞게 빠르게 검색하고, 주식시장을 예측하며 실물경제에 영향을 주기도 한다. 따라서 이러한 알고리즘이 반드시 정확하고 공정한 결과를 가져올지 항상 생각해 보아야한다. 대부분의 알고리즘은 개발자 혹은 개발을 의뢰한 사람의 목적에 따라 달라질 수 있다. 이것은 알고리즘이 개발자의 의도에 따라 데이터나 학습모델이 달라질 수 있기 때문이다. 즉, 알고리즘은 그것을 만드는 사람에 의해 목적이 정해질 수 있다. 그러나 때론 의도치 않게 그 결과가 윤리적이지 않을 수 있다 따라서, 알고리즘을 설계할 때에는 해당 알고리즘의 이해관계자들 간의 가치를 반드시 고려해야 한다.

알고리즘은 무엇에 최적화 되었는지에 따라서 그 목적이 달라진다. 알고리즘은 하나의 요리에 다양한 레시피가 있는 것과도 같다. 예를 들어, 주먹밥을 만들기 위한 "알고리즘(레시피)"을 만든다고 해보자. 특히, 다른 주먹밥과는 차별화되도록 하여 그 알고리즘의 주제를 "최고의 주먹밥 만드는 법"으로 해야 한다면 "최고"라는 단어 외에 사용할 수 있는 단어는 그 주먹밥의 목적이 될 것이다. 그것이 알고리즘의 최적화라고 할 수 있다. 즉, 다양한 속 재료를 강조하였다면 속 재료에 최적화, 최대한 간단한 요리과정을 거쳤다면 빠른 요리 속도에 최적화, 열량을 최소화한 주먹밥이라면 건강식에 최적화되었다고 할 수 있다. 따라서 무엇에 최적화 하느냐에 따라 주먹밥 레시피의 목적이 달라진다.

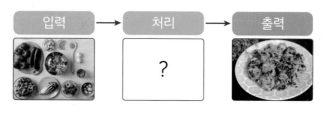

주먹밥 만들기 프로그램

컴퓨터 알고리즘도 마찬가지이다. 이러한 알고리즘의 목적이 특정인의 의도에 의해 결정되지 않도록 하기 위해서는 해당 알고리즘에 대한 다양한 이해관계자들의 가치들을 모두 고려대 봐야 한다. 해당 알고리즘에 관심이 있는 이 사람들을 '이해관계자'라고 부른다. 예를 들어, 주먹밥 알고리즘에 관심이 있는 가까운 이해관계자들은 아이들, 부모님, 나, 친구들, 선생님, 의사 등이 있을 것이다. 그 외에도 더 넓게 본다면 음식재료와 관련된 농부나 판매업자 또는 유통업자들도 이 알고리즘의 이해관계자라고 할 수 있다. 그리고 아마도 그들은 특정 재료의 비중이나 포장 등의 또 다른 가치를 우선으로 생각할 수 있다.

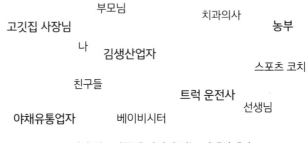

주먹밥 알고리즘에 관심이 있는 이해관계자

이들은 각자 주먹밥에 요구하는 필요나 가치가 다를 것이다. 예를 들어, 아이들은 맛에만 그 가치를 둘 수 있으나, 부모들은 맛뿐 아니라, 가격과 영양까지도 중요한 가치로 둘 것이다. 한편 의사는 가격보다는 영양에 더 큰 가치를 둘 것이다. 이 알고리즘의 목적은 많은 사람들이 중요하게 여기는 '맛'이 될 수 있을 것이다. 하지만 만약 주 구매자가 부모라면 맛뿐 아니라 영양이나 가격도 고려해야 할 것이다. 이와 같이 이해관계자에 따라 알고리즘의 목적이 달라 질 수 있다. 이와 같이 특정인을 위한 알고리즘은 때론 다른 사람들에게는 유용하지 않을 수 있다. 다양한 이해관계자를 고려하거나 영향력이 가장 큰 이해관계자를 고려한 알고리즘을 개발해야할 수도 있다.

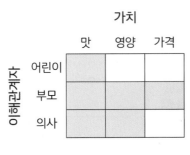

윤리 매트릭스의 예

미국 MIT 미디어 랩의 Blackeley H. Payne은 '윤리는 기술을 만드는 사람 뿐 아니라 기술을 사용하는 사람을 위한 것이다.' 라고 언급하며 인공지능 기술을 개발할 경우 사용자에게 미칠 영향에 대해 고민해야 함을 강조했다. 또한, Chathy O'neil는 '알고리즘은 코드에 포함된 의견이다.'라고 언급하며, 알고리즘이 단순한 코드줄을 포함하는 명령어 집합이 아니라 개발자의 의견(의도)이 포함된 것임을 인식해야 한다고 하였다.

따라서 우리는 인류에게 많은 영향을 줄 인공지능을 구현할 때 특별히 각 알고리즘의 목적을 다각도로 고려하여 책임있는 인공지능으로 구현되도록 해야 한다. 결국 우리는 인공지능의 양심적인 소비자이자 윤리적인 인공지능 설계자가 되어야 한다.

15.2 인공지능의 사회적 영향과 양면성

새로운 기술의 영향력은 어디까지일까? 인공지능의 발전은 지능화된 서비스를 제공하며 우리 삶의 질을 향상시키고 새로운 정보와 지식의 접근성을 높이며 다양한 기회를 제공한다. 예를 들어, 인공지능 기반의 언어 번역기는 다양한 국가의 언어로 된 정보를 쉽게 습득하게 하며, 다양한 형태의 도우미 로봇의 발전으로 복지 서비스가 한층 향상될 수 있다.

인공지능 기반의 자동화로 인해 업무 대체가 일어나게 되면 일자리에도 많은 변화가 있을 것이다. 최근 한 경제연구원에서는 사무, 판매, 자동, 기계조작 및 조립과 같은 고위험군 일자리의 43%가 인공지능 자동화에 의해 대체될 것이라고 전망했다.

우리나라 자동화 위험별 취업자 현황

위험군 구분	대체확률	취업자수(만명)	취업자 비중(%)
고위험	0.7 이상	1,136	43%
중위험	0.3~0.7 미만	1,036	39%
저위험	0.3 미만	486	18%

출처: 통계청, LG 연구원

또한, 인공지능 기술의 발달로 인해 현재이 법과 규정에 의해서는 통제 불능이 되거나 특정 집단의 불순한 목적에 의해 인공지능 알고리즘이 개발된다면 매우 심각한 사회적 윤리 문제가 대두 될 수 있다. 특히, 인공지능의 학습 알고리즘이 해석불가능하거나 다양한 편향성 문제로 인해 예상할 수 없는 문제가 발생할 수도 있다. 특정 분야에 적용되는 약 인공지능 기술일지라도 상당한 시간이 지났을 때에는 큰 영향을 미칠 수도 있음을 예상하고 대비해야할 것이다.

인공지능의 발달은 양면성을 가지고 있다. 지구온난화와 불치병, 에너지 고갈 문제 등의 인류의 난제를 해결할 수도 있지만 인간이 통제권을 벗어나게 되면 인류의 안전을 위협받을 수도 있다. 즉, 인공지능이 인간에게 해가 될지 유익이 될지의 여부는 인간의 손에 달려 있다. 이에 다음과 같이 인공지능 기술이 미래에 미칠 영향에 대해 생각해 보며 다양한 윤리적 이슈를 생각해 볼 수 있다.

1 감정인식 기술

감정인식 인공지능 테스트: https://demo.mr.affectiva.com/

감정인식 기술은 카메라를 통해 사람을 인식한 후 초 단위 구간마다 인간의 눈썹, 입모양 등의 표정을 분석하여 감정들의 변화곡선을 분석하여 다양한 감정의 정도를 제공한다. 이 기술에 대해서 마케터, 경찰, 변호사, 컴퓨터공학자, 뇌과학자, 심리학자, 트렌드 분석가, 결혼 정보회사, 정치위원 등의 이해관계자가 관심을 보일 수 있을 것이다.

이런 기술은 이들에 의해 진실된 감정과 마음을 보여주는 상대방을 속이거나 약점을 잡아내어 원하는 것을 갈취하는 등으로 악용될 수도, 정신적으로 문제가 있는 사람 또는 과거

트라우마로 인해 대인관계 등에서 상처를 받은 사람들의 마음을 치료하는 등의 도움을 줄 수도 있을 것이다.

따라서 이 기술은 다음과 같이 긍정적 또는 부정적인 양면으로 생각해 볼 수 있을 것이다. 먼저 향후 50년 후 다음과 같은 긍정적인 영향을 가져 올 수 있을 것이다.

- 심리적 어려움으로 인해 살아가기 힘든 사람들을 찾아내 도움을 줄 수 있다.
- 소비자의 니즈를 보다 잘 파악으로써 기업들이 더 낮은 가격에 좋은 성능의 서비스 및 제품을 제공해 줄 수 있다.
- 각 나라별 다른 사회문화에 대해 서로 간의 이해와 존중이 높아져 더욱 좋은 우호관계를 맺게 될 것이다.

반면, 이 기술은 50년 후 다음과 같은 부정적인 효과를 가져올 것이다.

- 부모나 정부에 의해 개개인이 느끼는 감정의 자유마저도 통제당할 수 있다.
- 초 단위 감정만으로도 잠재적 범죄자로 분류 될 수 있다.
- 범죄자나 심지어 일반인을 대상으로도 감정을 활용한 비도덕적인 방식으로 인권을 해칠 수 있다.
- 많은 사람들과 국가들이 서로의 감정이나 의도를 신뢰할 수 없게 되어 갈등이 심해질 것이다.

2 'AlterEgo' - Arnav Kapur, MIT

'또 다른 자아'라고 일컬어지는 머릿속 단어를 읽는 기기가 등장했다. 매사추세츠공과대학교(MIT) 미디어랩은 소리 내어 말하지 않고도 속으로 말한 단어를 인식하는 컴퓨터 인터페이스를 개발했다. 이것은 MIT 대학원생인 아르나브 카푸르(Arnav Kapur)가 만든 '알터이고'(alterego)이다. 생각으로 말을 하면 신경근의 신호를 포착한 웨어러블 디바이스가 컴퓨터 시스템에 전달해주는 방식이다. 현재까지 이 장비를 사용한 평균 정확도는 약 92%에 이른다.

생각으로 제어하는 AlterEgo

이러한 AlterEgo는 사용자의 음성이나 움직임 없이도 컴퓨팅 장치와 조용히 대화 할 수 있으므로 다른 장치나 응용 프로그램 또는 다른 사람과도 조용하고 은밀하게 통신 할 수 있다. 사용자는 미묘한 내부 움직임만으로도 정보를 보내고 뼈 전도를 통해 청각적 결과를 수신 할 수 있다. 이러한 AlterEgo는 인간과 컴퓨터를 결합하여 컴퓨터 · 인터넷 및 AI를 '또 다른 자아'의 역할로써 인간의 인식과 능력을 향상시킬 수 있다.

이러한 Alter Ego가 향후 50분 후에는 어떤 사회적 영향을 미칠 것인지에 대해 다음과 같이 긍정적 또는 부정적인 양면으로 생각해 볼 수 있을 것이다.

먼저 다음과 같은 좋은 성과를 이룰 수 있을 것이다(모두를 위한 인공지능 윤리, KERIS, 2020).

- 말할 수 없는 사람들은 친구 및 가족과 대화 할 수 있다.
- 다른 언어를 사용하는 사람들은 앱에서 생각을 번역하여 의사소통 할 수 있다.
- 애완동물이나 동물과 대화 할 수 있다.
- 그래서 사람들이 고기를 적게 먹게되어 지구 환경에 긍정적인 영향을 미칠 것이다.

반면, Alter Ego는 50년 후 다음과 같은 부정적 영향을 생각해 볼 수 있다.

- 부모는 자녀의 생각을 모니터링 할 수 있다.
- 정부는 시민의 생각을 모니터링하고 그 생각이 마음에 들지 않으면 불공정하게 통제할 수 있다.
- 헤드셋 제조업체는 나의 사고 데이터를 광고주에게 넘길 수 있다.

- 패스트 푸드점을 지나갈때마다 내 머리에 음식에 대한 광고를 재생할 수 있다.
- 그래서 사람들이 고기를 더 많이 먹게 되어 지구 환경에 악영향을 미칠 것이다.

이와 같이 인공지능의 발전은 인류를 발전하게도 할 수 있고 어려움에 처하게도 할 수 있다. 따라서 인공지능을 개발하고 사용함에 있어 개인적, 사회적, 국가적 책임을 가져야 하며, 이를 위한 다양한 제도와 지원이 필요할 것이다.

윤리 메트릭스

■ 최고의 주먹밥을 만드는 알고리즘을 작성해 보시오.

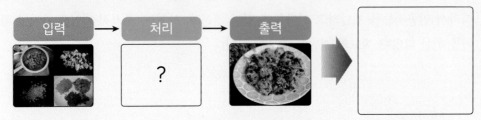

출처: AI + Ethics Curriculum for Middle School, MIT

■ 나의 주먹밥의 목적을 설정하기 위해 다음 윤리 메트릭스를 완성해 보시오.

1 X 1 윤리 매트릭스	3 X 3 윤리 매트릭스
가치 이해관계자 알고리즘의 목적: _____	가치 이해관계자 알고리즘의 목적: _____
3 X 2 윤리 매트릭스	5 X 5 윤리 매트릭스
가치 이해관계자 알고리즘의 목적: _____	가치 이해관계자 알고리즘의 목적: _____

인공지능 체험과 사회적 영향 보고서

■ 다음에 제시한 다양한 인공지능 기술 중에 하나를 골라 체험해 본 후, 향후 50년 후 미래에 미칠 긍정적인 영향과 부정적인 영향에 대해 생각해 보자.

인공지능 그래픽 http://gandissect.res.ibm.com/ganpaint.html

감정 인식 https://demo.mr.affectiva.com

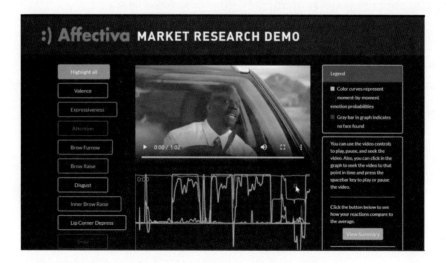

1. 내가 개발하고 싶은 인공지능 기술에 대해 작성하고 그 기술이 사회에 어떤 긍정적 또는 부정
   적 영향을 미칠지 기술해보시오.

2. 알고리즘의 이해관계자에 따른 알고리즘의 목적에 대한 설명 중 적절하지 않은 것은?
   ① 특정인을 위한 알고리즘은 모든 사람들에게 유용할 수 있다.
   ② 특정 이해관계자를 위한 맞춤형 알고리즘을 개발할 수 있다.
   ③ 다양한 이해관계자 고려하여 알고리즘을 개발하도록 해야 한다.
   ④ 해당 알고리즘의 이해관계자에 따라 알고리즘의 목적이 달라 질 수 있다.

3. 인공지능 기술이 가진 사회적 영향에 대한 설명으로 부적절한 것은?
   ① 인공지능의 사용에 있어 다양한 제도와 지원이 필요하다.
   ② 인공지능 기술은 미래에 긍정적 또는 부정적 영향을 미칠 수 있다.
   ③ 인공지능 기술이 우리에게 가져올 당장의 편리함이 무엇인지 따져봐야 한다.
   ④ 인공지능을 개발하고 사용함에 있어 개인적, 사회적, 국가적 책임을 가져야 한다.

APPENDIX

CT 융합 프로젝트

학습목표

1. 컴퓨팅 사고력을 활용하여 '탄소 발자국' 프로그램을 제작할 수 있다.
2. 컴퓨팅 사고력을 활용하여 '화장실 안내' 프로그램을 제작할 수 있다.
3. 컴퓨팅 사고력을 활용하여 '프렉탈' 프로그램을 제작할 수 있다.
4. 인공지능을 활용하여 '학교 가는 방법 추천' 프로그램을 제작할 수 있다.

세상의 문제를 CT로 바라보려면 어떻게 해야 할까?
다양한 CT 프로젝트에 도전해 보자!

세상의 사물/현상

뉴턴/아인슈타인

관찰 → 통찰 → 가설 → 검증 → 일반처

통찰

데이터 → 문제분석 → 추상화 → 알고리즘

일반화 ← 디버깅 ← 프로그래밍

사람들을 행복하게 하는
프로그램을 만들고 싶다!

- 행복 → 계산 불가능 → CT로 해결 어려움
- 우주선 도킹 → 계산 가능 → CT로 해결 가능

I P O
입력 처리 출력

A.1 컴퓨팅사고력으로 풀어보는 '탄소 발자국' 프로그램

우리는 생활에서 많은 에너지를 사용한다. 대부분의 에너지가 화석 연료에 의존하고 있다. 우리 일상의 움직임은 물론이고 교통 및 운반수단 등을 이용할 때에도 직접적, 간접적으로 화석연료가 사용되어 이산화탄소가 배출되고 있다. 탄소발자국은 일상생활에서 직ﾞ간접으로 발생되는 이산화탄소를 무게 단위로 환산한 총량이다. 연료의 종류에 따라 탄소배출을 계산하는 프로그램을 작성해 보자.

❖ 문제분해

연료의 종류에 따라서 탄소가 배출되는 양을 계산하기 위해서 필요한 요소들을 생각해 본다.

① 먼저 연료의 종류를 정하고, 연료의 종류를 묻는 것이 필요하다.

② 연료의 종류가 정해지면, 발생량을 입력하는 것이 필요하다.

③ 각 연료의 종류에 따라서 이산화탄소가 배출되는 배출계수를 정한다.

④ 그리고 마지막으로 이산화탄소의 배출량을 계산하여 보여준다.

❖ 패턴인식

이렇게 문제분해가 이루어진 후에 패턴을 찾아야 한다. 이 문제에서 찾아낼 수 있는 패턴은 다음과 같다.

① 연료의 종류를 리스트로 작성하여 보여주기

② 연료별 배출계수는 고정되므로 월별 발생량을 입력하여 배출식 정하기

③ 각 연료별 이산화탄소의 배출량을 계산하여 보여주기

이렇게 문제 해결을 위해서 패턴을 인식하게 되면, 컴퓨팅 사고의 다음 단계인 추상화와 알고리즘 작성으로 이어질 수 있다.

❖ 추상화

이산화탄소의 배출량을 계산하기 위한 핵심요소와 변수를 정리한다.

상수	변수	산출공식
연료의 종류별 CO$_2$ 배출계수 휘발유: 0.24134 경유: 0.34816 LPG: 0.40694	연료의 종류 (휘발유, 경우, LGP) 발생량(km/월)	연료의 종류별 산출식 휘발유: 0.24134 * 발생량(Km/월) 경유: 0.34816 * 발생량(Km/월) LPG: 0.40694 * 발생량(Km/월)

❖ 주요 알고리즘

탄소 배출 계산의 항목 삭제하기
휘발유 탄소 배출 계수를 0.24134로 정하기
어떤 연료를 쓰시나요를 묻고 기다리기
　　대답을 탄소 배출 계산에 추가하기
한달에 몇 Km를 쓰시나요를 묻고 기다리기
　　대답을 탄소 배출 계산에 추가하기
당신의 이산화탄소 배출양은 대답*휘발류 탄소 배출계수 입니다로 말하기

❖ 자동화

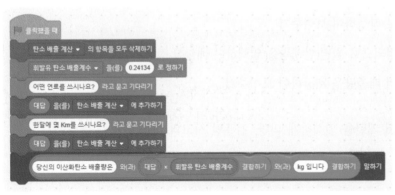

A.2 컴퓨팅사고력으로 풀어보는 '화장실 안내'프로그램

실제 생활에서 컴퓨팅을 이용하여 문제를 해결하는 사례를 찾아보고 패턴을 찾아보자. 컴퓨팅을 활용하여 문제를 해결할 때 유용한 문제에 무엇이 있을까? 화장실 사용 안내 문제를 생각해 보자. 공중화장실을 이용할 때 화장실의 어느 칸이 사용 중인지 화장실 입구에서 알기 어려운 경험들을 해보았을 것이다. 화장실 어느 칸이 사용 중인지를 입구에서 확인을 쉽게 한다면 화장실 이용이 보다 편리해질 것이다. 이 문제를 예로 들어서 컴퓨팅 사고력을 이해해보자.

❖ 문제분해

먼저, 패턴을 찾아내기 위해서는 문제를 세부화하여 분해해야 한다. 화장실 안내 알고리즘을 작성하기 위해서는

① 화장실 각 칸의 상태를 확인하여야 한다. 이를 위해서는 각 칸에 사람이 있는지를 센싱하는 것이 필요하다.

② 화장실 칸 각의 사용여부를 표시해야 한다. 이를 위해서는 각 칸을 색깔로 구분하여 표시하는 것이 필요하다.

③ 각 화장실의 사용여부를 숫자로 보여주어야 한다. 이를 위해서는 전체 칸 수와 사용중인 칸을 계산하는 것이 필요하다.

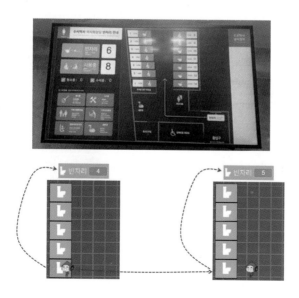

❖ 패턴인식

이렇게 문제분해가 이루어진 후에 패턴을 찾아야 한다. 이 문제에서 찾아낼 수 있는 패턴은 다음과 같다.

① 화장실 각 칸의 문이 잠겼는지 열렸는지를 실시간으로 확인함.

② 문이 잠긴 것을 인식하면 해당 화장실의 칸이 주황색으로 표시됨.

③ 문이 잠긴 것을 인식하지 못했다면 화장실 칸이 초록색으로 표시됨.

④ 이 때마다 빈자리와 사용 중의 개수가 변함.

이렇게 문제 해결을 위해서 패턴을 인식하게 되면, 컴퓨팅 사고의 다음 단계인 추상화와 알고리즘 작성으로 이어질 수 있다.

❖ 추상화

만약에 문이 열렸다면 색깔은 초록색으로 바뀌고 '빈자리' 변수는 하나씩 증가시키고(빈자리↤빈자리+1), 문이 열려 있기 때문에 '사용중'이라는 변수는 하나씩 감소시킨다(사용중↤사용중−1). 반대로 문이 닫힌 경우에 색깔은 주황색으로 바뀌고 '빈자리' 변수는 하나씩 감소하게 되고(빈자리↤빈자리−1), '사용중'이라는 변수에는 하나 증가하게 된다(사용중↤사용중+1). 따라서 이를 다음과 같이 수식이나 간단한 그래프로 표현할 수 있다.

❖ 주요 알고리즘

빈자리 ← 6
사용중 ← 0
모든 화장실 ← 초록색

만약 화장실 문이 닫히면
  Yes 주황색으로 변경
    사용중 ← 사용중+1
    빈자리 ← 빈자리-1

만약 화장실 문이 열리면
  Yes 초록색으로 변경
    사용중 ← 사용중 -1
    빈자리 ← 빈자리+1

❖ 자동화

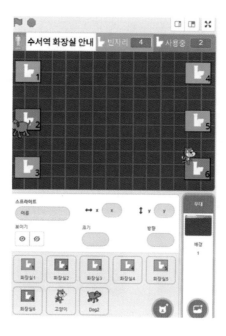

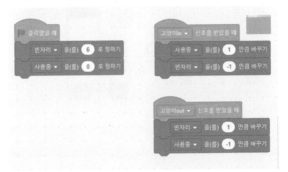

A.3 컴퓨팅사고력으로 풀어보는 '프렉탈'프로그램

자연에서는 규칙성이 있는 다양한 것들을 찾을 수 있다. 고사리의 잎, 눈의 결정체, 브로콜리의 모양, 해안가의 모양, 기관지의 모양 등에서는 어떤 규칙을 발견할 수 있을까? 고사리 모양을 살펴보면, 작은 잎들의 모양이 모여 다시 같은 모양의 큰 잎으로 이루어진 구조를 가지고 있다. 눈의 결정체 모양도 작은 단위의 결정체가 모여 다시 큰 결정체 모양과 같은 모양을 하고 있다. 브로콜리의 모양도 마찬가지로, 세부에 존재하는 모양이 다시 전체의 모양을 이루고 있다. 이러한 일부 작은 조각기 전체와 비슷한 기하학적 형태를 가지는 구조를 자기 유사성이라고 하고 "프렉탈"이라고 한다.

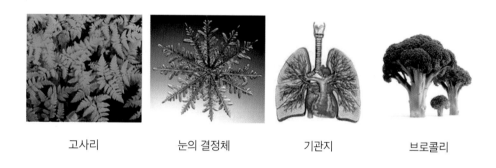

| 고사리 | 눈의 결정체 | 기관지 | 브로콜리 |

이 프렉탈을 컴퓨팅 사고를 통해 프로그램으로 구현해 보자.

❖ 문제분해

먼저, 고사리 잎을 통해 프렉탈의 구조를 분해해 보자. 우선 나뭇가지를 이루고 있는 모양을 관찰해 보자. 가지의 어느 부분을 선택하여 확대를 해도 전체 나무 모양과 같은 모양을 얻는다. 부분과 전체의 모양을 분석하여 그 관계를 생각해 보면, 가장 중요한 발견은 나뭇가지가 일정한 길이의 비가 될 때마다 두

고사리 잎

개의 가지로 갈라진다는 점이다. 따라서 나뭇가지의 길이, 각 나뭇가지 간의 일정한 비가 중요한 요소가 된다는 것을 찾을 수 있다. 그리고 이에 더해 가장 작은 나뭇가지가 갖는 끝지점의 길이를 참고해야 한다.

❖ **패턴인식**

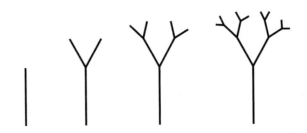

각 나뭇가지들이 그려지는 패턴을 찾아보자. 먼저, 첫 번째 나뭇가지가 그려지는 과정을 살펴보자.

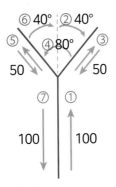

1. 100만큼 움직이기
2. 시계방향으로 40도 돌기
3. 100/2(=50) 만큼 움직이고 되돌아오기(-50만큼 움직이기)
4. 반시계방향으로 80도 돌기
5. 50만큼 움직이고 되돌아오기(-50만큼 움직이기)
6. 시계방향으로 40도 돌기
7. 처음 위치로 돌아오기(-100만큼 움직이기)

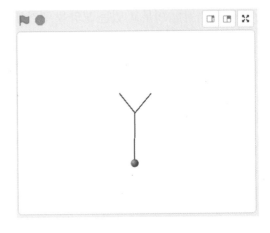

이제 첫 번째 모양에 이어서 두 번째 모양을 그리는 과정을 살펴보자.

첫번째 모양 그리기

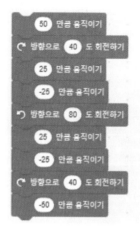

첫번째 모양 1/2 축소

이렇게
처음 Y를 만들 것과 같은 명령어들이
다시 계속적으로 반복된다.

1. 100만큼 움직이기
2. 시계방향으로 40도 돌기
3. 100/2(=50) 만큼 움직이고 되돌아오기(-50만큼 움직이기)
4. 반시계방향으로 80도 돌기
5. 50만큼 움직이고 되돌아오기(-50만큼 움직이기)
6. 시계방향으로 40도 돌기
7. 처음 위치로 돌아오기(-100만큼 움직이기)

이 과정을 스크래치의 펜 내리기 기능을 써서 테스트를 해보면, 아래와 같다.

펜 기능에서 모두 지우기, 펜 내리기, 그리고 스프라이트를 0도 보게 하기는 초기화를 시키는 블록들이라고 할 수 있다.

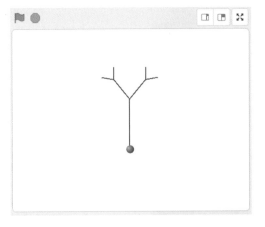

❖ 추상화

프렉탈 트리가 그려지는 과정에서 분해와 패턴을 찾았다면, 이제 찾은 패턴에서 핵심적인 요소를 뽑아내서 추상화하는 과정이 필요하다.

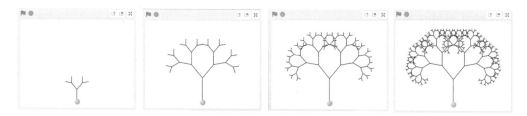

프렉탈 그림의 단계

우선 반복되는 과정을 함수로 만들어 보자. 프렉탈의 처음 길이와 각도를 지정해 주는 함수를 만들면 다음과 같다. 입력한 프렉탈의 길이는 첫 번째 모양의 가장 긴 선분의 길이이고, 각도는 회전 각도이다.

프렉탈 트리로 정의한 함수에서 다시 반복되는 규칙을 찾아보면, 자기 유사성에 따라 다시 자신이 반복되는 재귀 형태가 된다. 그래서 프렉탈 함수 안에 다시 프렉탈 함수를 넣을 수 있다.

그런데 이렇게 정의된 프렉탈 트리에서는 아무런 제한 조건이 없기 때문에 위의 과정이 끝나지 않고 한없이 계속 정의된다. 따라서 알고리즘이 끝날 수 있도록 가장 짧은 길이를 정해주어야 한다.

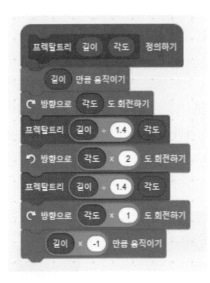

❖ 주요 알고리즘

```
프렉탈 트리 함수
만약 길이 > 2 까지 반복하기
    길이 만큼 움직이기
    시계 방향으로 각도만큼 회전하기
        프렉탈 트리 함수
        반시계 방향으로 각도*2도 회전하기
            프렉탈 트리 함수
            시계 방향으로 각도 * 1도 회전하기
            길이 * -1 만큼 움직이기
```

❖ 자동화

따라서 가장 짧은 길이가 2가 될 때까지 프렉탈 트리의 함수를 반복하면 된다. 가장 짧은 길이를 2로 하고, 처음 길이를 100, 각도를 40으로 한다면 다음과 같이 프로그래밍을 만들 수 있다.

❖ 프렉탈 트리

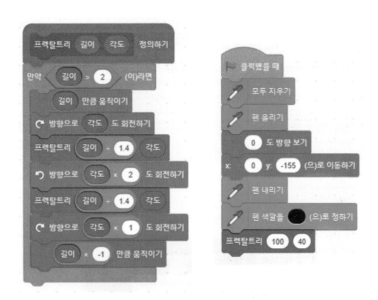

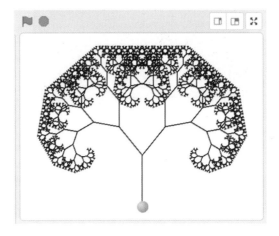

A.4 인공지능을 활용한 '학교가는 방법 추천' 프로그램

우리는 생활에는 결정을 내려야하는 많은 상황에 놓인다. 이 때 합리적인 판단을 돕기 위해서 데이터를 근거로 하여 인공지능이 추천을 해주어 우리의 판단 근거를 제공해 주는 경우가 많다. 최근에는 영화나 드라마, 상품 등을 추천해주는 예가 바로 그것이다. ML4KIDS의 인공지능을 활용하여 학교 가는 방법을 추천해 주는 프로그램을 만들어 보자.

❖ 문제분해

먼저, 패턴을 찾아내기 위해서는 문제를 세부화하여 분해해야 한다. 학교 가는 방법을 선택하려고 할 때, 어떤 방법들이 있을까? 그리고 각 방법을 선택한다면 어떤 요소들이 선택에 영향을 미칠까?

학교 가는 방법으로 자동차를 타는 것, 걸어 가는 것, 자전거를 타는 것을 가장 많이 활용한다. 그렇다면 각 방법을 선택하는 데 영향을 미치는 요소를 생각해 보면, 거리, 나이, 친구 등이 있을 것이다.

❖ 패턴인식

문제를 분해한 것을 바탕으로 패턴을 찾아내기 위해서는 많은 사례를 수집해야 한다. 이를 통해 각 요소들 간의 관계를 찾아낼 수 있기 때문이다. 학교를 갈 때 자동차, 걷기, 자전거를 타는 방법별로 거리, 나이, 친구가 같이 가는지의 유무를 수집한다. 이 때 설문조사를 활용하여 실제 데이터를 많이 모으면 유용하다. 수집한 데이터를 아래 표와 같이 정리해 둔다.

자동차로 등교하는 학생의 데이터

데이터 출처: https://machinelearningforkids.co.uk/

age	distance	friends	Journey	age	distance	friends	Journey
9	0.8	0	car	9	2.3	0	car
8	0.9	0	car	8	2.6	1	car
6	1.5	12	car	8	1.5	4	car
6	2	1	car	5	2.8	1	car
11	3	0	car	6	1.5	0	car
15	7	0	car	7	3	1	car
10	2	0	car	5	1	0	car
14	7	0	car	6	3	1	car
10	2.7	0	car	9	1	0	car
10	3.5	2	car	6	1.1	0	car
7	3.5	1	car	5	1	4	car
6	2.5	0	car	5	10	0	car
11	2.6	1	car	14	5	1	car
8	5	4	car	14	7	0	car
9	1.2	0	car	15	5	1	car
6	5	4	car	9	1	0	car

도보로 등교하는 학생의 데이터

age	distance	friends	Journey	age	distance	friends	Journey
9	1.1	0	walk	15	1.5	0	walk
12	0.9	4	walk	12	1.2	3	walk
6	0.5	5	walk	9	1.3	0	walk
7	1	1	walk	10	0.1	6	walk
8	0.9	0	walk	11	1.1	4	walk
13	1	0	walk	9	1.25	1	walk
9	1	0	walk	13	0.5	5	walk
11	1.4	3	walk	7	1.25	1	walk
11	1.5	2	walk	9	0.1	0	walk

age	distance	friends	Journey	age	distance	friends	Journey
9	0.9	0	walk	9	1.4	1	walk
9	1.1	0	walk	13	0.3	5	walk
9	1	1	walk	15	0.3	3	walk
8	1.3	0	walk	12	0.8	4	walk
9	1	0	walk	5	0.8	4	walk
10	0.9	1	walk	9	1.1	1	walk
9	1.2	0	walk	9	1.5	4	walk
9	1	3	walk	9	0.7	6	walk
11	1	0	walk	8	0.6	4	walk
12	0.8	3	walk	6	0.5	8	walk
9	0.5	1	walk	16	1	10	walk
10	1.1	2	walk	9	1	2	walk
12	1	3	walk				

자전거로 등교하는 학생의 데이터

age	distance	friends	Journey
12	0.2	8	cycle
10	2	1	cycle
11	0.8	1	cycle
10	1.1	0	cycle
13	1	1	cycle
12	1.1	0	cycle
9	1.1	0	cycle

■ **훈련**

수집한 데이터를 이제 훈련시켜 학교 가는 방법을 추천해 줄 알고리즘을 만든다.
ML4KIDS를 활용하여 프로젝트를 만들어 본다. 아래와 같이 데이터를 인식하는 방법은
'숫자'로 놓고, 수집한 데이터는 '나이', '거리', '친구' 카테고리를 만들어 놓는다.

그리고 학교 가는 방법인 '자동차', '걷기', '자전거'를 각각의 레이블(lable)로 만든다. 그리
고 각 레이블 마다 수집해 놓은 데이터를 입력한다. 각 레이블마다 데이터 추가하기를 클
릭하여 '나이', '거리', '친구'의 변수들을 셀마다 입력한다. 그럼 이제 수집한 데이터를 훈련
시킬 준비가 끝난 것이다. 이제 훈련하기를 클릭하면 ML4KIDS와 연동되어 있는 IBM의
WATSON에 수집한 데이터를 통해 훈련을 시키는 것이다.

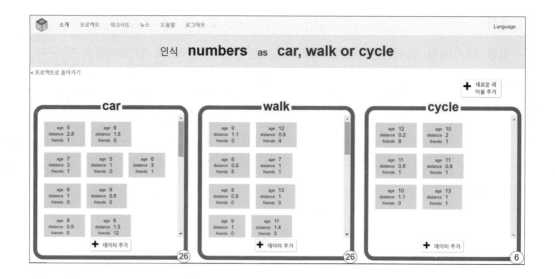

■ **학습평가**

훈련을 하는 데 몇 분의 시간이 소요된다. 훈련이 끝났다는 표시가 나면 알고리즘이 만들어진 것이고, 이를 평가할 수 있다. '나이', '거리', '친구'의 정보를 입력하는 셀이 나오면 숫자를 입력하여 모델이 잘 만들어졌는지를 평가해 본다. 이 때 입력하는 정보는 조사한 데이터에서 남겨둔 것을 활용할 수 있다. 그리고 각 입력한 정보에 따라서 학교 가는 방법이 선택되는 결과를 확인할 수 있다.

❖ **알고리즘**

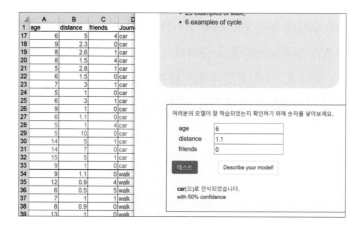

생성된 모델이 어떻게 만들어졌는가를 확인할 수도 있다. 이 모델은 '의사결정트리'를 통해

만들어졌다. 그림과 같이 '나이', '거리', '친구'의 정보를 입력하여 의사결정트리 모델에서 학교 가는 방법이 결정되는 과정을 바로 확인할 수 있다.

■ 만들기

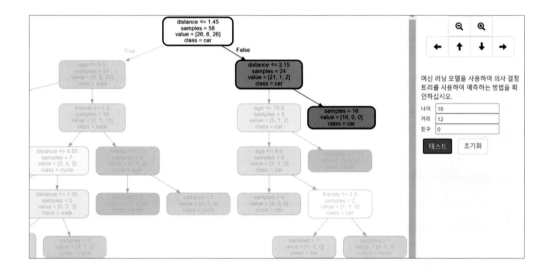

❖ 자동화

생성된 인공지능 알고리즘(모델)을 활용하여 스크래치 3.0과 연동하여 프로젝트를 만들어 보자. 모델을 만들 후 ML4KIDS에서 스크래치 3.0에 들어가면 내가 만든 모델에 의해서 새로운 레이블이 생긴다. 학교 가는 방법인 '자동차', '걷기', '자전거'의 3개의 레이블이 생기고, 이를 선택하는 데 영향을 주는 변수인 '나이', '거리', '친구'의 3개의 변수가 생긴다.

입력한 숫자 데이터 관련 레이블

이제 스크래치로 구현해 보자.

먼저 깃발을 클릭했을 때, '학교까지 오는 방법을 고민하고 계신가요? 몇가지 정보를 입력해 주시면 추천해 드릴게요! '라고 말하기를 넣는다.

그리고 학교 가는 방법을 선택하는데 영향을 주는 변수인 나이, 거리, 친구를 대답으로 정해서 묻고 기다리기를 넣는다.

그리고 만약 나이, 거리, 친구의 정보가 자동차라는 레이블에 해당한다면 '자동차를 이용하는 것이 좋겠어요' 하고 말하기를 넣는다. 레이블 간의 값은 생성된 모델이 적용되는 것이다. 걷기와 자전거도 같은 방식으로 넣어준다.

이렇게 간단한 추천 프로그램을 제작해 봄으로써 실제 우리가 인공지능에 의해 추천받고 있는 원리를 이해할 수 있다. 이러한 간단한 추천 프로그램을 다른 주제에도 적용해 볼 수 있을 것이다.

INDEX